Barbara Stamer

Stundenblätter
Märchen für das 5.–7.Schuljahr

40 Seiten Beilage

Ernst Klett Stuttgart

Die Stundenblätter für das Fach Deutsch werden herausgegeben von:
Wolfgang Salzmann

Modifizierte Konzeption: Jürgen Wolff

CIP-Kurztitelaufnahme der Deutschen Bibliothek

Stamer, Barbara:
Stundenblätter Märchen für das 5.–7.
[fünfte bis siebte] Schuljahr / Barbara Stamer.
1. Aufl. – Stuttgart : Klett, 1981 und Beilage.
  (Stundenblätter für das Fach Deutsch)
  ISBN 3-12-927241-0
NE: GT

1. Auflage 1981
Alle Rechte vorbehalten
Fotomechanische Wiedergabe nur mit Genehmigung des Verlages
© Ernst Klett, Stuttgart 1981
Satz: G. Müller, Heilbronn
Druck: Wilhelm Röck, Weinsberg
Einbandgestaltung: Zembsch' Werkstatt, München

Inhaltsverzeichnis

I. Einleitung

Erläuterungen zur Gesamtkonzeption

Das vorliegende Stundenblätterheft bietet ein inhaltlich und methodisch-didaktisch vielfältiges Unterrichtsmodell mit verschiedenen in sich abgeschlossenen Teilsequenzen zum Thema Märchen, die wissenschaftliche Thesen und Meinungen zum Thema Märchen unterrichtsdidaktisch aufbereiten. Die Stundenblätter wollen konkrete Hilfen und nicht nur allgemeine Hinweise zur Behandlung im Unterricht anbieten. Dies bedeutet, daß genaue Angaben zum Unterrichtsverlauf als *eine* didaktische Möglichkeit ausgeführt werden; das schließt jedoch nicht aus, daß jeder Lehrer die Unterrichtsvorschläge der jeweiligen spezifischen Unterrichtssituation anpassen kann und muß.

Somit leisten die Stundenblätter dreierlei:

1. Sie geben Hinweise auf die wesentliche Literatur zum Thema Märchen und diskutieren und kommentieren diese (s. Kapitel II „Fachwissenschaftliche Grundlagen").

2. Sie geben eine breitgefächerte Auswahl an Themen an, die im Zusammenhang mit den Märchen auf der Unterstufe erarbeitet werden können (s. Kapitel III „Übersicht über die Unterrichtseinheit").

3. Sie bieten in Phasen aufgeteilte Teilsequenzen an, die mit Hinweisen zur Sozialform (Gruppenarbeit, Klassengespräch, Stillarbeit), mit Leitfragen, Tafelbildern, Texten zur Ergebnissicherung und Hausaufgaben einen konkret nachzuvollziehenden Unterrichtsablauf darstellen.

II. Kommentierte Bibliographie

Bevor sich der Lehrer mit dem Thema Märchen beschäftigt, wird er zuerst die entsprechenden Primärtexte sichten, für seine Unterrichtszwecke auswählen und sich mit der Vielfalt der kontroversen wissenschaftlichen Meinungen auseinandersetzen. Die folgenden Literaturangaben bieten für diese Aufgabe hilfreiche Hinweise.

1. Märchenausgaben

a) **Die Märchen der Brüder Grimm. Kinder- und Hausmärchen. München o.J. (Goldmann Tb. 412/413)**
Nach dieser preiswerten, leicht zugänglichen Taschenbuchausgabe wird zitiert, wenn im vorliegenden Unterrichtsmodell Märchen der Brüder Grimm behandelt werden (mit „G" und Angabe der Seitenzahl).

Wir weisen hier außerdem auf die „Ausgabe letzter Hand" hin:
b) **Brüder Grimm. Kinder- und Hausmärchen, Ausgabe letzter Hand. Hrsg. von H. Rölleke, Cologny–Genève 1975**

c) **Das große deutsche Märchenbuch. Hrsg. von H. Brackert, Königstein/Ts. 1979**
Diese Anthologie repräsentiert – zeitlich und geographisch geordnet – den deutschen Märchenschatz und stellt eine vielseitige Auswahl von Märchen zur Verfügung. Kunst- und Volksmärchen werden nicht getrennt, da, wie Brackert betont, der Unterschied oft fließend ist.

d) **Märchen, Sagen und Abenteuergeschichten auf alten Bilderbogen neu erzählt von Autoren unserer Zeit. Hrsg. von J. Jung, München 1974**

Diese sehr reizvolle Ausgabe, die Texte alter Bilderbogen-Märchen (die oft nicht dem Grimmschen Text folgen) mit den Umformungen moderner Autoren konfrontiert, enthält manchen Text, der sich auf Grund seiner politischen oder psychoanalytischen Deutung für die Unterstufe nicht eignet. Der Band macht deutlich, wie aktuell und lebendig die Märchenstoffe auch heute noch sind und wie vielfältig die Neuerzählungen und Verfremdungen ausfallen.

e) **Fetscher, Iring, Wer hat Dornröschen wachgeküßt? Das Märchen-Verwirrbuch, Frankfurt a. M. 1979 (Fischer Tb. 1446)**
Fetscher erzählt hier die dreizehn bekanntesten Grimmschen Märchen neu, indem er – aus heutiger Sicht – ironische Spekulationen über den politischen, sozialen und psychologischen Hintergrund dieser Märchenstoffe anstellt.
Die Verwirrtechniken Fetschers stellen keine ernsthafte Kritik der Märcheninhalte dar. Er macht sich höchstens über manche übertriebene Deutungsversuche (seien sie nun politischer, soziologischer oder psychologischer Art) lustig. Es geht ihm nicht, wie er selbst sagt, um „eine ‚Zerstörung' der alten Märchen. Im Gegenteil, ich glaube, daß sie auch dem noch so eingreifenden Deutungs- und Verwirrspiel standhalten. Ihre Vieldeutigkeit (und Verwirrbarkeit) macht ihre Größe aus." (a.a.O., S.149)

2. Standardwerke zum Thema „Märchen"

a) **Von Beit, Hedwig, Symbolik des Märchens, Bern 1956.**
Dieses umfassende Werk, das in vieler Hinsicht dem psychologischen Ansatz zu einseitig verpflichtet ist (eine ausführliche Kritik

gibt M. Lüthi, der bekannteste Märchenforscher heute, in: Wege der Forschung Bd. CII, [„Besprechung des Märchenwerkes von Hedwig von Beit"], S. 391 ff.), weist nach, daß sich die Märchen aller Völker aus archetypischen Bildern, Gestalten und Motiven zusammensetzen, geprägt von einem prälogischen Denken, das weder Kausalzusammenhänge noch bestimmte Zeiten und festgelegte Örtlichkeiten kennt. Die Autorin belegt anhand umfangreichen Materials, das dem Erzählgut der Völker entnommen ist, daß bestimmte Motive und archetypische Bilder sich bei den *Primitiven* und den *Kindern* finden und ebenso in der *Traumwelt* der Erwachsenen wieder auftauchen. Dieser wissenschaftliche Ansatz ist vor allem mit Jung und den Erkenntnissen der Jungschen Schule verbunden:

„Die Jungsche Schule … sieht im Märchen vorwiegend die Darstellung eines *innerseelischen Geschehens*, des Weges der eigenen Seele in den Erlösungsmärchen…"; sie zeigt auf, „daß die große Fahrt des Helden, der Heldin, die so oft in ein unterirdisches, überirdisches oder jenseitiges Reich führt, Bild für den Gang ins Unbewußte sein kann". Sie zeigt weiterhin, daß das Märchen die „Darstellung eines Erneuerungsprozesses" ist, „sie schildert die Kontaktnahme von Ich und Unterbewußtsein sowie Verschiebungen, Kämpfe, Entwicklungen im Unbewußten selbst, wobei einzelne Märchenfiguren *als Personifikationen unbewußter Mächte* oder des mit ihnen sich auseinandersetzenden Bewußtseins erscheinen. Die abstrakte, sublimierende Darstellung des Märchens gilt der Jungschen Schule als Bestätigung ihrer Auffassung, daß das Märchen *wesentlich nicht Darstellung einer äußeren Wirklichkeit, sondern eines seelischen Geschehens* von überindividueller Geltung sei." (M. Lüthi, Das Volksmärchen als Dichtung und als Aussage, in: DU, 1956, S. 13)

b) Märchenforschung und Tiefenpsychologie. Hrsg. von W. Laiblin (Wege der Forschung Bd. CII), Darmstadt 1972

Dieser Sammelband gibt einen guten Überblick über den tiefenpsychologischen Ansatz der Märcheninterpretation. Folgende Aufsätze sind besonders wichtig und haben die Konzeption des hier vorgestellten Unterrichtsmodells wesentlich beeinflußt:

- „Menschliche Reifung im Sinnbild" (J. *Bilz*), S. 161 ff.
- „Märchengestalten bei Jugendlichen" (G. H. *Graber*), S. 187 ff.
- „Das Reifungserlebnis im Märchen" (B. *Jöckel*), S. 195 ff.
- „Die Anima als Naturwesen" (E. *Jung*), S. 237 ff.
- „Symbolik der Wandlung im Märchen" (W. *Laiblin*), S. 345 ff.
- „Märchengeschehen und Reifungsvorgänge unter tiefenpsychologischem Gesichtspunkt" (J. *Bilz*), S. 379 ff.

Zur Einführung in die tiefenpsychologische Interpretation seien hier einige Zitate eingeschoben:

„Es ist eine Erkenntnis der neueren Forschung…, daß in unseren Märchen uralte Lebensgesetzlichkeiten umschrieben werden, die in einem dramatischen Geschehen das Problem der *Metamorphose* zum Thema haben. Geheimnisvolle Aufgaben werden gestellt, die es unter Gefahren zu lösen gilt, oder Hexen und Zauberer verwandeln die Menschen – meist sind es Jugendliche – in Tiergestalten, in eine Art Verpuppungszustand, aus dem dann nach Leid und Entbehrungen aller Art die Prüflinge als König oder Königin auferstehn… Gerade die Wandlungsgeschehnisse lassen Kinder einer bestimmten Altersstufe mit Leib und Seele bei der Sache sein." (Bilz, a.a.O., S. 166 f.)

„In der tiefenpsychologischen Praxis lernte ich von den Jugendlichen und hörte von Erwachsenen im rückschauenden Wiederbeleben des unbewußten und bewußten Erlebens und Verhaltens während des Jugendalters, *wie sehr das reale Leben besonders ausgeprägt während dieser Zeit dem Ablauf der Märchenhandlung gleicht.*" (Graber, a.a.O., S. 189 f.)

„Denn aus der Rückschau auf eigenes Erleben,… gestützt auf die ewiggültige Sprache der Traumsymbolik, entsteht das Erlösungsmärchen. Sein Inhalt ist im Letzten lebensgesetzlicher Art, steht also jenseits von Gut und Böse, *kann* sich also mit den Forderungen bürgerlicher Moral nicht decken.

Sein eigentlicher ‚Held' ist einzig und allein das Leben selbst, das sich zuletzt gegen alle individuellen Wünsche und Machenschaften siegreich durchsetzt, das heißt den Jugendlichen zur Reifung bringt." (Jöckel, a.a.O., S. 197)

„Auch wenn wir in unserer Jugend keine Märchen gehört hätten, würden wir in unseren Träumen und Phantasien, gerade als Halbwüchsige, nicht aufhören, Märchen zu produzieren. Die bekanntesten Märchengestalten wie ‚Dornröschen', ‚Schneewittchen', ‚Aschenputtel', ‚Hans im Glück' stehen alle an der Schwelle der Reife und Selbständigkeit, vor dem großen Ausfalltor des Lebens – in ihnen spiegelt sich die Zeit schwerster Prüfungen über Eignung und Fähigkeit, die das Pubertätszeitalter für die meisten Menschen bedeutet." (Jöckel, a.a.O., S. 199)

c) Lüthi, Max, Märchen, Stuttgart ²1964 (Sammlung Metzler 16)

Mit diesem „Realienbuch für Germanisten" kann sich jeder Lehrende einen guten Überblick über das Thema „Märchen" verschaffen. Unter anderem finden wir darin Aufschlüsse über

– Namen und Begriff des Märchens
– Typen des Märchens
– Wesenszüge des europäischen Volksmärchens
– Geschichte des Märchens
– Geschichte der Märchenforschung
– Wichtige Literatur zum Thema „Märchen"

Dieses Bändchen bietet die beste Einführung in das Thema „Märchen". Es ist jedem, der sich mit dem Märchen beschäftigt, sehr zu empfehlen.

d) Bettelheim, Bruno, Kinder brauchen Märchen, Stuttgart 1977

Dieses Buch Bettelheims, des bedeutenden Kinderpsychologen, fand in Amerika und auch in Deutschland große Beachtung.
Bettelheim legt dar, daß gerade das Märchen mit seinen Bildsymbolen dem Kind (und dem Heranwachsenden) die Möglichkeit gibt, die inneren Konflikte, mit denen es in den verschiedenen Phasen seiner seelischen und geistigen Entwicklung konfrontiert ist, in der Phantasie auszuleben und dadurch auch zu verarbeiten:

„In dieser Hinsicht haben die Märchen einen unschätzbaren Wert, weil sie der Phantasie des Kindes neue Dimensionen eröffnen, die es selbst nicht erschließen könnte... Form und Gestalt der Märchen bieten dem Kinde Bilder an, nach denen es seine Tagträume ausbilden und seinem Leben eine bessere Orientierung geben kann." (a.a.O., S. 12)

„Das Kind *identifiziert sich mit dem Helden,* es durchleidet mit ihm alle Mühen und Wirrsale und triumphiert mit ihm, wenn die Tugend schließlich belohnt wird. Diese Identifikation vollzieht das Kind von sich aus; die inneren und äußeren Kämpfe des Helden bilden seine Moral." (a.a.O., S. 14)

„Die tiefen inneren Konflikte, die aus unseren primitiven Trieben und unseren heftigen Emotionen entstehen, werden in den meisten Kinderbüchern verschwiegen, so daß die Kinder von dort *keine Hilfe* zu ihrer Bewältigung erhalten. Das Kind ist aber verzweifelten Gefühlen der Einsamkeit und Absonderung ausgesetzt, und oft steht es Todesängste aus...
Das Märchen dagegen nimmt diese existentiellen Ängste sehr ernst und spricht sie unmittelbar aus: das Bedürfnis, geliebt zu werden, und die Furcht, als nutzlos zu gelten; die Liebe zum Leben und die Furcht vor dem Tode." (a.a.O., S. 15)

Bettelheim belegt, daß das Märchen dem Kind, das seine Schwierigkeiten nicht verbal oder rational lösen kann, durch seine Fülle von Identifikationsmöglichkeiten verschiedene Lösungen für seine Probleme anbietet. Er deutet das Märchen nicht als realistische Geschichte, sondern als Gewebe aus vielen Bild-Figuren und bildhaften Geschehnissen, welche die oft sehr komplizierten Vorgänge in der Psyche des Kindes verdeutlichen:

„Viele Erwachsene neigen heute dazu, die Dinge, die in Märchen vorkommen, wörtlich zu nehmen, während sie als *symbolische Wiedergabe kritischer Lebenserfahrungen* zu verstehen sind. Ein Kind begreift das intuitiv, auch wenn es das nicht ausdrücken weiß." (a.a.O., S. 169)

3. Kritische Texte zur Märchenforschung

a) Märchenanalysen. Hrsg. von S. Schödel, Stuttgart 1977 (Arbeitstexte für den Unterricht, Reclam 9532)

Die „Märchenanalysen" geben einen (für den Unterricht der Sekundarstufe zusammengestellten) Überblick über die verschiedenen Forschungszweige und Interpretationsansätze zum Thema „Märchen".

Unter den Aufsätzen (in Auszügen) finden sich auch sozialkritische Interpretationen, die eine positive Auswirkung auf die kindliche Psyche verneinen und das Märchen als Träger einer Scheinwelt, als gefährlich und destruktiv zu entlarven glauben.

Dazu gehört auch der folgende Aufsatz:

Merkel, Johannes, Der ursprüngliche Realismus der den ‚Märchen' zugrundeliegenden Volksliteratur, in: Die heimlichen Erzieher rororo-Sachbuch 6893, 1974, S. 55 ff.

Merkel hält die Märchen für ideologisch angreifbar, er nennt sie „immer falsch, d. h. immer ideologisch" (a. a. O., S. 58) und postuliert, daß die Märchen die „Entführung in den ‚schönen Schein' gewährleisten" würden (a. a. O., S. 59).

Für die vorliegenden unterrichtsdidaktischen Entwürfe sind Merkels Überlegungen insofern interessant, als sie genau die konträre Position zu der methodisch-didaktischen Zielsetzung der hier vorgestellten Unterrichtseinheit darstellen:

„Das bürgerliche Kind aber kann die Erfahrungen und Kenntnisse seiner Welt mit den Geschehnissen und Figuren *dieser Geschichten nicht verbinden*, weder der König, die Prinzessin noch selbst der Schneidergeselle und der Landsknecht sind in der in den Märchen geschilderten Weise *Gestalten seiner gesellschaftlichen Umwelt*, sondern sie beleben *nur noch seine vorgestellte Wunschwelt* ... (a. a. O., S. 59)

„Wenn dann Märchenhaftes (oder was man dafür hält) in den Kinderstuben von Funk und Fernsehen, im Theater oder auf Schallplatten reprodu-

ziert wird, dann werden endgültig alle Sinne der Kinder nur noch dafür in Beschlag genommen, ihnen mit autoritärer Geste eine *Unwirklichkeit aufzuschwätzen*, die ihnen jede produktive Verarbeitung eigener Erfahrungen beschneidet." (a. a. O., S. 61, 62)

b) Wermke, Jutta, Wozu Comics gut sind?!, Kronberg/Ts. ³1976

Darin: „Exkurs: Märchen und Märchenstrukturen in Comics" (a. a. O., S. 176 ff.)

J. Wermke behauptet in ihrer recht einseitigen, formalistischen Analyse des Märchens, das gegenüber dem Comic völlig abgewertet wird, mit V. Klotz („Weltordnung im Märchen", in: Neue Rundschau 1970, H. 1, S. 80), daß Märchenlektüre

„*heute* gewiß keinem anderen Bedürfnis dient, als die vergleichbarer sogenannter ‚eskapistischer' Literatur." (a. a. O., S. 181 [Hervorhebung im Text])

Volker Klotz hat „gerade die ‚gesellschaftliche Bedingungslosigkeit' des Märchenglücks – des Reichtums und der Macht – herausgearbeitet, die ‚keinerlei Bedürfnis nach Änderung der bestehenden Verhältnisse' wecke und durch seine *‚Erlösungen'* gerade ‚*Opium des Volkes*' sei." (a. a. O., S. 181)

„Das Zaubermärchen, der Prototyp der Wunschdichtung, fasziniert ebenso wie andere ‚märchenhafte' Literatur, u. a. Comics, durch die *Vorspiegelung einer Gegenwelt*, an der der Leser oder Hörer durch Identifikation mit dem Helden und Projektion seiner Wünsche auf den Helden teilnehmen kann, in der er von allen aktuellen Problemen *unbehelligt* und eines stets guten Endes gewiß sein kann, und in der die Rollen der Personen ein für allemal festgelegt und durch klischeehafte Darstellung eindeutig gekennzeichnet sind. Was Wunder, daß die Werbung ... stofflich und thematisch gerne an die Märchen anknüpft." (a. a. O., S. 180)

4. Unterrichtspraktische Literatur zum Thema „Märchen"

Es gibt kaum methodisch-didaktische Vorschläge zur Behandlung des Märchens im Unterricht.

Hingewiesen sei hier auf zwei ältere Aufsätze im „Deutschunterricht", die aber beide keine ausgearbeiteten Unterrichtsmodelle präsentieren, sondern nur einige wenige Hinweise bieten.

a) **Heise, Ursula, Das Volksmärchen als Spielgut in Sexta und Quinta, in: DU 8 (1956). H. 6, S. 44–56**

U. Heise betont in ihrem Aufsatz die Eignung der Märchenstoffe zum Spiel, auch zur Pantomime und zum Schattenspiel.

„Spiel ist in dieser Zeit eine ihm [dem Kind] gemäße Aktionsform, und mit dieser Aktivität darf es gerade auch das zur Eigengestaltung auffordernde Märchen ergreifen." (a. a. O., S. 55)

b) **Bachmann, Werner, Das Märchen im gymnasialen Unterricht, in: DU 8 (1956). H. 6, S. 57–62**

Bachmann verbleibt mit seinem Vorschlag, am Märchen das „symbolische Lesen als Propädeutik für den späteren Umgang mit Dichtung zu üben" (a. a. O., S. 59), sehr im allgemeinen. Seinem Hinweis, man könne eine Gliederung der Märchen nach „Motivgruppen" aufstellen, folgt kein ausgearbeiteter Unterrichtsentwurf.

III. Übersicht über die Unterrichtseinheit

Zu Konzeption und Aufbau der Einheit

Die bei der Sichtung der Literatur offenkundig deutlich gewordenen kontroversen Positionen und Ansätze lassen eine Aufbereitung des Themas Märchen für den Unterricht besonders reizvoll, aber auch besonders schwierig erscheinen. Von welcher der kontroversen Positionen soll man sich bei der Konzeption der Unterrichtseinheit leiten lassen?
Sind Märchen immer „falsch", ja gefährlich, weil „ideologisch"? Stellen sie für das Kind bzw. den Heranwachsenden eine „Unwirklichkeit", eine „Entführung in den schönen Schein" dar? Weiß ein Kind heute nichts mehr mit Märchen anzufangen, haben sie wirklich keinen Bezug zum Alltagsleben der Kinder, wie Merkel und Wermke als Vertreter der kritischen Märchenforschung behaupten?
Oder sind die Märchen in ihrer Wirkung positiv, ja als „emanzipatorisch" (Bürger, Ch., „Die soziale Funktion volkstümlicher Erzählformen – Sage und Märchen", in: Projekt Deutschunterricht, 1971, 1; S.51) oder gar *therapeutisch* zu verstehen (Bettelheim, a. a. O., S. 29)? Spiegeln sie nicht gerade die innere Welt des Kindes wider und zeigen zugleich auf, welche Entwicklungsschritte zu seiner Reifung notwendig sind? (vgl. Bettelheim).
Stellen sie nicht gerade *anstatt* einer „äußeren Wirklichkeit" ein „seelisches Geschehen" (Lüthi) dar, dessen Gestalten keinen realistischen „Geschichten" (Merkel) angehören, sondern Bild-Figuren archetypischen Verhaltens verkörpern?
Bleiben Kinder tatsächlich „unbehelligt" (Wermke) von Märchen, oder finden sie durch die Märchen, durch deren Anhören und Nacherleben Möglichkeiten, ihre oft unbewußten Konflikte und Probleme zu lösen? Ungewollt gibt J. Wermke selbst die Antwort auf diese Fragen. Sie gibt nämlich zu, daß das Märchen eigentlich der „kindlichen Vorstellungswelt ... mehr oder weniger entspricht" (a. a. O., S. 225), und findet es sehr schwierig, den Kindern zu beweisen, daß das Märchen „unrealistisch" sei (ebd.).
Die Kinder selbst zeigen die Lösung des Problems auf. Sie begreifen intuitiv, daß Märchen für sie einen hohen Grad an Aktualität und einen greifbaren Realitätsbezug besitzen. Ausgehend von diesen Überlegungen wird in der folgenden Unterrichtseinheit ein methodisch-didaktisches Konzept entwickelt, das dieser Erkenntnis nachgeht und versucht, sie in der Unterrichtspraxis zu realisieren.

„Bisher falsche Behandlung von Märchen (Unterstreichung des unrealistischen Charakters der Mythologismen, der Schreckensgestalten, Mißbrauch zur Reglementierung und zum Angsteinjagen) ist kein Argument gegen das Märchen. Das bietet im Gegenteil den Anreiz, *Märchen mit Schülern zu erproben* und zu beobachten. Der Schüler kann hier auf einem Gebiet, das bisher vernachlässigt wurde, *selbst zu Ergebnissen kommen.*" In: Märchenanalysen, S. 66 f.

Die im folgenden genauer vorgestellte Unterrichtseinheit bietet dem Lehrenden viele unterrichtspraktischen Hinweise, wie man das Thema Märchen mit Schülern bearbeiten kann.
Die Unterrichtseinheit teilt sich zunächst in zwei Blöcke auf:

1. Minimalprogramm:
   „Analyse des Märchens"
Stundenblätter Nr. 1 – Nr. 4
Dieses Minimalprogramm vollzieht sich in vier Schritten, deren Ergebnisse ineinander-

gefügt sind und sich aufeinander beziehen. Das findet seinen Niederschlag in der Behandlung stundenübergreifender Themen und der Weiterentwicklung gewisser Fragestellungen und Tafelbilder. Bewußt wählen wir, der Klassenstufe entsprechend, einen spielerisch-emotionalen Zugang zu dem Märchen, indem wir in der ersten Doppelstunde *(Stundenblatt Nr. 1, Märchenfiguren als Identifikationsmuster)* durch Stegreifspiele einen Identifikationsprozeß einleiten, (d.h. bekannte Märchenstoffe werden durch das Spiel aktiviert und verbalisiert), den wir in der zweiten Doppelstunde auf bildnerischer Ebene ergänzend weiterführen: *(Stundenblatt Nr. 2, Märchenstunde – Märchengalerie:*

– die sprachgewandten Schüler können sich im Spiel durch Wort, Gestik und Mimik
– die sprachlich schwachen Schüler durch bildnerisches Gestalten (Malen) äußern.

Wir folgen in diesen Stunden dem wissenschaftlichen Ansatz des Kinderpsychologen Bettelheim, der die archetypischen Bilder und symbolischen Inhalte der Märchen für die natürliche Entwicklung der kindlichen Psyche für unbedingt notwendig hält.

Im Gegensatz zu einem vorwiegend analytisch bestimmten Ansatz bietet dieser kindgemäße Einstieg ins Thema Märchen durch die Herstellung eines Identifikationsprozesses mit den Bild-Figuren der Märchen dem Schüler der Vorpubertät die Möglichkeit, seine innerseelischen, entwicklungsbedingten Konflikte und Spannungen im Spiel und beim Malen abzureagieren.

Die folgenden Stunden *„Analyse der Handlungsstruktur der Märchen"* (Stundenblatt Nr. 3) *„Auffinden typischer Märchenelemente"* (Stundenblatt Nr. 4) bringen bewußt einen Wechsel in der Methode: Motiviert durch das *Kreativ-Spielerische* des Beginns werden die Schüler nun im *analytisch-vergleichenden Verfahren* (anhand einer Auswahl von geeigneten Grimmschen und fremdländischen Märchen) zu der Erkenntnis geführt, daß allen Märchen gleiche Baugesetze zugrunde liegen und daß alle Märchen aus gleichbleibenden Figuren, ähnlich strukturierten Handlungsabläufen und ähnlichen Motiven und Elementen zusammengesetzt sind.

Eine Unterbrechung der Sequenz (Stundenblätter Nr. 1–4) ist nicht anzuraten, sie bildet das Zentrum der Unterrichtseinheit, und die hier gewonnenen Ergebnisse sind die Grundlage für die sich nun anschließenden Teilsequenzen.

2. Zusatzprogramme: „Kreatives Arbeiten und Gestalten mit Märchen"

Nach der Erarbeitung der wichtigsten Bauelemente des Märchens ist der Schüler in der Lage, selbst kreativ tätig zu werden und das Umfeld des Märchens selbst zu erforschen. Dazu dienen die *Zusatzprogramme.* Ihre Themen wurden so gewählt, daß den wichtigsten Fragestellungen, die sich im Zusammenhang mit dem Thema Märchen ergeben, nachgegangen werden kann. Die Auswahl kann jeder Lehrer gemäß den eigenen Intentionen und dem Reifegrad der Klassen vornehmen.

Mehr als vier Zusatzprogramme (10–15 Stunden) sollten – auch bei großem Interesse der Schüler – nicht behandelt werden.

1. Übersicht über die Stundenblätter Nr. 1–Nr. 12

a) Minimalprogramm: „Analyse des Märchens"

Klasse **5/6**	1: Märchenfiguren als Identifikationsmuster	(Stunde 1–2)
5/6	2: Märchenstunde – Märchengalerie	(Stunde 3–4)
5/6	3: Analyse der Handlungsstruktur des Märchens	(Stunde 5–6)
5/6	4: Auffinden typischer Märchenelemente	4,1 (Stunde 7–8)
		4,2 (Stunde 9)
		4,3 (Stunde 10)

b) Zusatzprogramme: „Kreatives Arbeiten und Gestalten mit Märchen"

5/6	5: „Wir erfinden selbst Märchen" Herstellung eines Klassenmärchenbuches (2 Stunden)	(Stunde 11–12)
6/7	6: Das Märchen und die Werbung (6 Stunden)	6,1 (Stunde 13–14) 6,2 (Stunde 15–16) 6,3 (Stunde 17–18)
6/7	7: Das Märchen und sein Realitätsbezug (4 Stunden)	7,1/2 (Stunde 19/20/21) 7,3 (Stunde 22)
5/6/7	8: Das Antimärchen (2 Stunden)	(Stunde 23–24)
5/6/7	9: Das moderne Märchen (2–3 Stunden)	(Stunde 25–26)
5/6/7	10. Märchen und Comics – ein Vergleich (5 Stunden)	10,1/2 (Stunde 27–29) 10,3 (Stunde 30–31)
5/6	11: Der Entwurf eines Märchenpuppenspiels (2 Stunden)	(Stunde 32–33)
5/6	12: Inszenierung eines Märchenpuppenspiels (3 Stunden)	(Stunde 34–36)

2. Übersicht und Kombinationsmöglichkeiten der Stundenblätter

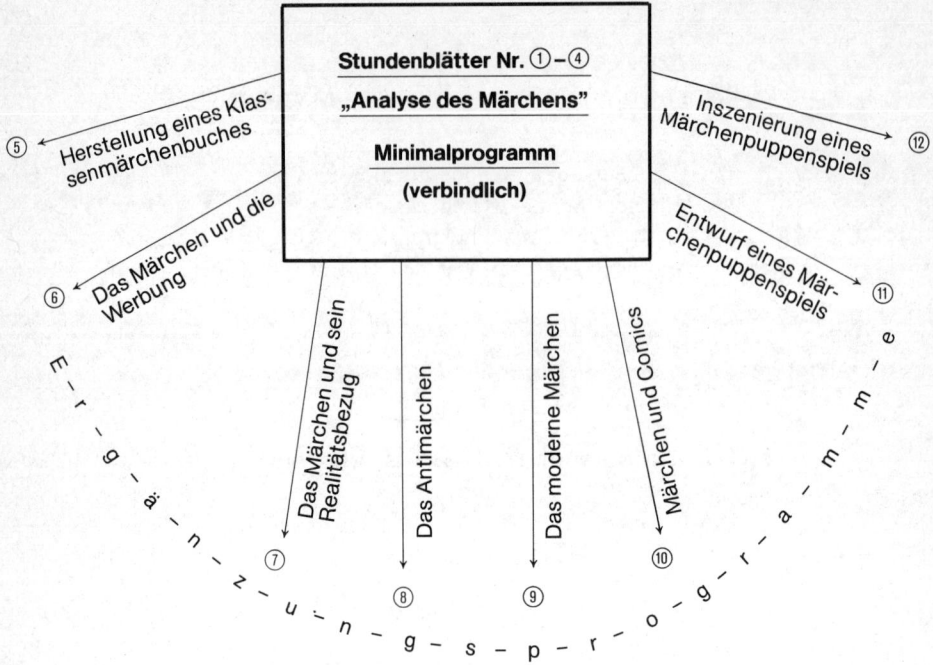

Methodisch-didaktisch besonders dankbar ist eine schuljahrübergreifende Unterrichtsplanung, die im Laufe des Schuljahres nach der Durchführung des Minimalprogramms (Stundenblätter Nr. 1 bis Nr. 4), immer wieder auf das Thema Märchen in anderen Zusammenhängen zurückkommt. Denkbar wäre z. B. eine Behandlung des Stundenblattes Nr. 6, nachdem in anderem Zusammenhang eine ausführliche Unterrichtseinheit über das Thema Werbung ausgeführt wurde. Ähnlich ließe sich mit Stundenblatt Nr. 10 verfahren. Das Stundenblatt schließt sich organisch einer Unterrichtseinheit über das Thema Comics an. Durch eine solche Planung wird auch schon in der Unterstufe eine gewisse Kontinuität erreicht, andererseits aber Langeweile ausgeschlossen, weil nicht zu viele Zusatzprogramme hintereinander behandelt werden. Am Ende des Schuljahres hat sich dann der Unterstufenschüler ein solides Wissen über das Thema angeeignet.

Zwischen den einzelnen Zusatzprogrammen bestehen zahlreiche inhaltliche Querverbindungen. Es ist jederzeit möglich, einzelne Ergänzungsprogramme herauszulösen und diese Einzelbausteine so zu kombinieren, daß neue thematische Unterrichtseinheiten entstehen. Folgende Kombinationen sind denkbar:

I. Wir schreiben eigene Märchen und setzen sie in Handpuppenspiele um (Kombination: Stundenblätter Nr. 5, 11, 12)
Bei der Wahl dieses Themenkreises liegt der didaktische Schwerpunkt auf der *Eigenkreativität* der Schüler, die wir zu fördern suchen. Stundenblatt Nr. 5 „*Herstellung eines Klassenmärchenbuches: Das Schreiben eigener Märchen*" nach erlernten Techniken (Stundenblätter Nr. 1 bis Nr. 4) bildet einen sinnvollen Abschluß des Minimalprogramms. Stundenblätter Nr. 11 und Nr. 12 bieten insofern eine Weiterführung der Einheit an, in-

dem nun die Schüler die selbstgeschriebenen Märchen in Stegreif-Puppenspiele umformen, dazu passende Handpuppen basteln, Kulissen entwerfen und eine Aufführung planen und ausführen.

II. *Wir verfremden Märchen* (Kombination: Stundenblätter Nr. 8, 9, 6, 10)

Diese Unterrichtseinheit geht von dem Gesichtspunkt der *Verfremdung* aus: Der bekannte Märchenstoff soll in seiner Aktualität in bezug auf heute untersucht und hinterfragt werden. Hier ließe sich ein Bogen ziehen vom *Antimärchen* (Stundenblatt Nr. 8), das den Märcheninhalt ironisierend verfremdet, verdreht, zum *Modernen Märchen* (Stundenblatt Nr. 9), das die alten Märchenstoffe in unsere moderne Umwelt hineinprojiziert, bis hin zur Verfremdung der Märchenstoffe durch die *Werbesprache* (Stundenblatt Nr. 6) und der Verfremdung durch die Umsetzung eines Märchens in einen *Comic* (Stundenblatt Nr. 10).

Werbesprache und Comics können an dieser Stelle auch ausgeklammert und an anderer Stelle eingefügt oder als einzelnes Stundenblatt einer umfangreicheren Unterrichtseinheit zum Thema Werbung bzw. Comics im Laufe des Schuljahrs angegliedert werden.

III. *Kreatives Neugestalten von Märchen* (Kombination: Stundenblätter Nr. 5, 8, 9)

Entfällt das Handpuppenspiel aus zeitlichen Gründen, ließe sich Stundenblatt Nr. 5 „Herstellung eines Klassenmärchenbuches" sehr gut mit Stundenblatt Nr. 8 und Nr. 9 kombinieren, da die Verfremdungstechniken als Kontrast zur bisherigen Arbeit einen besonderen Anreiz für die Schüler bieten.

IV. *Das Märchen und sein Realitätsbezug* (Kombination: Stundenblätter Nr. 7, 1–3)

Diese Unterrichtseinheit versucht, die Beziehung zwischen Märchen und Realität auf kindgemäße Weise aufzuhellen und verständlich zu machen. Das Thema „Sterntaler" wird anhand von drei verschiedenen Texten dargeboten,

– Das Antimärchen von Büchner (Woyzeck)
– Das Grimmsche Märchen „Sterntaler"
– Ein Zeitungsbericht über ein Kinderschicksal (Flüchtlingskind aus Malaysia)

um den Realitätsbezug des Märchens zu entwickeln.

In drei Entwicklungsschritten wird aufgezeigt, wie wir ein Verständnis für die Symbolhaftigkeit der Bildersprache des Märchens beim Schüler ausbilden können.

V. *Die Sterntalergeschichte – Vergleich von vier motivgleichen Texten* (Kombination: Stundenblätter: Nr. 6 und Nr. 7, 1–3)

An Stundenblatt Nr. 6 „Das Märchen und die Werbung", das in die Werbetechniken einführt und anhand eines Vergleichs Märchentext–Werbetext Ähnlichkeiten und Unterschiede zwischen Märchen und Werbung herausarbeitet, schließt sich thematisch Stundenblatt Nr. 7 an, das sich mit dem Thema „Das Märchen und sein Realitätsbezug" auseinandersetzt. Die beiden Stundenblätter ergänzen sich, da sie vier verschiedene Texte zur Sterntalergeschichte zugrunde legen und damit einen differenzierten Textvergleich ermöglichen:

– Das Antimärchen von Büchner (Woyzeck)
– Das Grimmsche Märchen „Sterntaler"
– Einen Zeitungsartikel über ein Kinderschicksal
– Einen Werbetext („Sterntaler")

VI. *Das pragmatisierte Märchen* (Kombination: Stundenblätter Nr. 6, Nr. 10)

Märchenstoff als bekanntes Erzählgut taucht vielfach verflacht und pragmatisiert in anderen Texten auf: z. B. in den Comics und in der Werbung.

Welche Ähnlichkeiten können zwischen

Märcheninhalten und Comics, zwischen Werbeaussagen und Märchenbotschaften festgestellt werden? Worin liegen die strukturellen und inhaltlichen Unterschiede, und wie können sie kindgemäß erfaßt und benannt werden? Die Schüler werden nicht deduktiv zu Ergebnissen geführt, sondern sie finden induktiv durch eigene Gestaltungsversuche (Werbecollagen, Collage eines Märchencomics) selbst die Ergebnisse. Durch die Herstellung der Werbe-/ bzw. der Comiccollagen veranschaulichen die Schüler die Gemeinsamkeiten der Gattungen und vollziehen andererseits den Prozeß der Deformierung der Märchenstrukturen und -inhalte durch die Umsetzung in einen Comic oder in eine Werbeanzeige nach.

Zum Umgang mit dem Heft

Der Verlauf der einzelnen Stunden wird einmal im Kommentarteil, zum anderen auf den beigefügten Stundenblättern verdeutlicht. Der Kommentar gliedert sich in drei Teile:
a) Vorüberlegungen (darunter fallen fachwissenschaftliche Informationen sowie Überlegungen zur methodisch-didaktischen Realisation)
b) Stundenverlauf (der projektierte Unterrichtsverlauf wird detailliert beschrieben)
c) Unterrichtsziele

Bei den Zusatzprogrammen, die zum kreativ-gestalterischen Umgang mit Märchentexten auffordern (z.B. Stundenblatt Nr. 1/2: Märchenstunde – Märchengalerie; Stundenblatt Nr. 5: Herstellung eines Klassenmärchenbuches; Stundenblatt Nr. 8: Das Antimärchen; Stundenblatt Nr. 10: Märchen und Comics) werden Schülerarbeiten (Zeichnungen, Texte) beigegeben, die einerseits exemplarisch die möglichen Unterrichtsergebnisse anzeigen, andererseits als Arbeitsgrundlage in die Stundenblätter einbezogen werden.
Je nach Stofffülle oder -komplexität wurden Einzel- oder Doppelstunden konzipiert.

Mitunter erscheint ein Thema auch in Teileinheiten untergliedert, z.B. Stundenblätter Nr. 7,1; 7,2; 7,3, dann ist meist eine Teileinheit fakultativ zu verstehen, und es bestehen Auswahlmöglichkeiten.

Das detailliert ausgearbeitete, eigentliche Stundenblatt, das als direkte Handreichung für den Unterricht angelegt ist und in komprimierter Form den Unterrichtsablauf darstellt, wird im Kommentarteil ausführlich diskutiert und erläutert. Aus diesem Grund sollte bei der Übernahme einer Einzelstunde oder auch einer Teilsequenz der Kommentarteil jeweils parallel zu den eigentlichen Stundenblättern verfolgt werden. Querverbindungen und -verweise zwischen Kommentarteil und Stundenblättern sollen ein schnelles Zurechtfinden bei der Arbeit ermöglichen.

Die beiliegenden Stundenblätter als Handreichung für den Unterricht sind in drei sorgfältig aufeinander abgestimmte Spalten eingeteilt:

Spalte 1
nennt thematisch die einzelnen *Phasen,* nach denen sich der Unterricht entwickelt (diese können gegebenenfalls auch umgestellt werden).

Spalte 2
benennt die erforderlichen *Methoden* bzw. Sozialformen (angestrebt wurde eine möglichst abwechslungsreiche Gestaltung).

Spalte 3
benennt die möglichen *Unterrichtsergebnisse* in Form von
– Tafelanschriften und
– Orientierungshilfen (Nennung der wichtigsten Gesichtspunkte, die angesprochen bzw. erarbeitet werden sollten).

Hausaufgaben werden am Ende eines Stundenblattes vorgeschlagen, zu Beginn des nächsten wieder aufgenommen und mit dem jeweiligen Ergebnis ausgeführt.

18

IV. Darstellung der Einzelstunden

Stundenblatt Nr. 1
Märchenfiguren als Identifikationsmuster

Stunde 1–2

Vorüberlegungen

Diese Unterrichtseinheit über das Märchen soll, der Altersstufe angemessen, nicht primär analytisch-deduktiv, sondern experimentell-induktiv einen Zugang zu den Märchenstoffen aufzeigen.

Deshalb gehen wir zunächst nicht von einem bestimmten Märchentext aus, sondern versuchen, durch Rollenspiel einen Identifikationsprozeß der Schüler mit ihnen bekannten Märchenfiguren zu ermöglichen, indem wir auf unbewußt-gespeicherte Inhalte und Vorstellungen über Märchen (Gestalten und Handlungen) zurückgreifen. Eine solch spontane Materialsammlung muß jedoch durch Lehrerimpulse etwas gelenkt und geordnet werden.

„Die Träger der Handlung sind weder Charaktere noch Typen, sondern *Figuren ohne eigentliche Umwelt,* ohne eigentliche Geschichte…, ja ohne eigentliche Innenwelt. Das Märchen *entwirklicht* (!) Gestalten und Vorgänge, es läßt sie zu Figuren und Bewegungen werden." (*Lüthi,* „Volksmärchen als Dichtung". DU 1956, S. 7)

Lüthi (Märchen, Stuttgart ²1964, S. 26) betont,

„…daß der Held des Märchens keine Persönlichkeit, aber auch kein Typus, sondern *eine allgemeine Figur* ist … Die meisten Personen bleiben überhaupt unbenannt, sie sind einfach Königin, Stiefmutter, Schwester, Soldat, Schmied oder Bauernjunge."

Im Rollenspiel stellen die Kinder unbewußt diese „entwirklichten Gestalten" ohne direkten Wirklichkeitsbezug nach außen dar; jedes Kind identifiziert sich mit der Figur, die ihm am besten gefällt. Warum?

Wie B. Bettelheim in seiner ausführlichen Studie über Kinder und Märchen aufzeigt („Kinder brauchen Märchen"), hat jedes Märchen ein zentrales *Leitmotiv,* ein oder zwei *Leitfiguren,* die einen bestimmten, vorpubertären Konflikt darstellen und in archetypischer Darstellung aufzeigen. Nachfolgend eine kurze Zusammenfassung (stichpunktartig):

1. Schneewittchen
Zentralmotiv: ödipales Thema (gute Mutter: tot, Jäger = Vater = Partner, Zwerge: vorödipale Gestalten)
Zentralfigur: böse Stiefmutter
Überwindung des Konflikts: die böse Stiefmutter wird bestraft, Hilfe kommt vom Partner, Trennung vom Elternhaus ist notwendig für die innere Reifung.

2. Hänsel und Gretel
Zentralkonflikt: Trennungsangst, Urangst des Verlassenwerdens, orale Gier
Zentralfigur: Hexe (sie spendet Essen und Vernichtung!)
Botschaft: Loslösung vom Elternhaus ist notwendig, tut aber weh, das Kind kann das hexenhaft Böse überwinden (durch List).

3. Dornröschen
Zentralkonflikt: Angst vor sexuellem Erwachen.
Zentralfigur: Dornröschen, das vom Prinz erlöst wird
Botschaft: eine lange Wartezeit (Schlaf) ist notwendig, bis das Kind zum reifen Erwachsenen werden kann.

4. Aschenputtel
Zentralkonflikt: Ödipale Angst und Geschwisterrivalität; Angst, abgelehnt zu werden, der Benachteiligte zu sein
Zentralfiguren: Aschenputtel – böse Stiefmutter – böse Stiefschwestern
Botschaft: das benachteiligte Kind erfährt Rechtfertigung, die Bösen werden bestraft.

5. Märchen vom Tierbräutigam
(„Brüderchen und Schwesterchen", „Froschkönig" etc.)
Zentralkonflikt: Tabuisierung der Sexualität, Angst vor den animalischen Aspekten der Sexualität: „Tierprinz"
Zentralfigur: Tierprinz und seine Prinzessin (Braut)
Botschaft: die Angst vor den tierischen Aspekten der Sexualität wird durch Liebe und Zuneigung überwunden.

6. Rotkäppchen
Zentralkonflikt: „Aufgefressenwerden" von bösen, unbekannten Mächten
Zentralfigur: Der Wolf: der Verführer und der vom Jäger Besiegte, (dem gefährlichen Bauch des Wolfes ist man ohne Schaden entronnen!)
Botschaft: Auch schlimmste Gefahren können heil überstanden werden! Das Kind hofft auf Helfer (Jäger: Vaterfigur!)

7. Däumling
Zentralkonflikt: Minderwertigkeitsgefühl des Kleinen, Schwachen, Unbeachteten; Angst vor übermächtigen Vatergestalten.
Zentralfigur: drohender Riese (Vatergestalt)
Botschaft: Der Kleine kann den Großen durch List und Klugheit besiegen! Er muß keine Angst mehr haben, sondern ist ihm letzten Endes doch überlegen.

Jedes Kind wird, entsprechend seiner psychisch-geistigen Entwicklung, ein anderes Märchen, und darin eine bestimmte Figur, korrelierend zu seinen momentanen innerseelischen Konflikten und Spannungen, intuitiv auswählen und sich in freiem Spiel mit dieser Figur identifizieren. Besonders geeignet ist ein *Zweier-Stegreifspiel:* z.B. böse Stiefmutter – Schneewittchen; Prinz – Dornröschen; Aschenputtel – böse Stiefschwestern (sehr beliebt!) oder böse Stiefmutter; Tierbräutigam – Prinzessin; Hexe – Hänsel/Gretel etc.
Dieser skizzenhaft entworfene Katalog der Märchen, ihrer Konfliktsituationen, Figuren und deren ‚Botschaften' kann beliebig erweitert werden. Er zeigt auf, wie durch das Identifikationsspiel mit Märchenfiguren in dem Kinde entsprechende Probleme und Konflikte angesprochen bzw. ausgespielt werden können. Durch die Kenntnis der Märchenstoffe ist dem Kinde ein guter Ausgang, eine Lösung des Konfliktes bekannt, und durch die im Märchen vorgegebene Lösung wird ihm unbewußt die Lösung seiner Probleme gezeigt, die es im Rollenspiel nachvollzieht. Das Kind sollte geradezu ermutigt werden, auch das Böse/Grausame/Hinterlistige der Märchenfiguren zu spielen – so verschafft sich das Kind im Spiel Macht über furchterregende Elemente: Wer im Spiel miterlebt hat, welches Triumphgefühl Kinder der Vorpubertät erleben, wenn sie, durch das Rollenspiel getarnt, die böse Stiefmutter (Hexe!) bestrafen (einsperren, in den Ofen stecken, zum Tod im Faß verurteilen etc.) dürfen, der wird der Meinung zustimmen, daß es sich im Märchen nicht um vordergründig-realistische Grausamkeiten handelt (genausowenig wie es sich um tatsächliche Personen handelt, sondern um archetypische Gestalten), vielmehr um die notwendige Herstellung einer Gerechtigkeitsordnung, die dem Kinde Sicherheit bietet.
Die Figur der Hexe, der Stiefmutter, des „Mütterchens", scheint auf die 10- bis 11jährigen Mädchen eine ganz besondere Faszination auszuüben: häufig wird sie als Lieblings-

figur ausgewählt; der Identifikationsprozeß ist hier offensichtlich besonders stark.

Hier sei auf J. Bilz hingewiesen, die in ihrem Aufsatz „Märchengeschehen und Reifungsvorgänge" sehr ausführlich auf die Bedeutung der bösen Stiefmutter eingeht und auch Gründe für diesen Identifikationswunsch angibt:

„So stehen Hexen und Stiefmütter als Personifizierungen der ablösenden und fortreißenden Kräfte des Werdens an den Wendepunkten der Entwicklung. Sie sind berufen, Haltefäden schmerzhaft zu durchtrennen." (Märchenforschung und Tiefenpsychologie [WdF Bd. CII], S. 381)

„Im Prozeß der innerseelischen Ablösung von kindlichen Umwelträumen spielt die Mutter eine Rolle." (a. a. O., S. 382)

Bilz berichtet als Psychotherapeutin von einem Traumerlebnis eines 11jährigen Mädchens, in dem die Muttergestalt in zwei Mütter aufgespalten wurde; die eine war die ‚echte', die andere erschien im Traum als Hexe mit grünen Augen, gelben Zähnen, Messer im Gürtel (!) und aus einem Rabenkäfig kommend.

In einem anderen Aufsatz „Kindermärchen, Kindertraum, Kinderspiel" (In: Ch. Bühler: Das Märchen und die Phantasie des Kindes) verweist Bilz auf den Zusammenhang zwischen uralten Kinderspielen und archetypischen Märchenfiguren:

„Das Spiel (Plumpsack) behandelt auf seine Weise eine Thematik des wirklichen Lebens. Die Metapher, daß ein Subjekt dem Abholwesen verfällt, wird szenisch aufgeführt." (S. 87)

Wie in unseren Identifikationsspielen „erspielt" sich das Kind auch hier die Macht über das Angstwesen.

Stundenverlauf

Phase 1: Die Hinführung zum Identifikationsprozeß geschieht bewußt *frei* (ohne Texte), um eine spontane, also dem Unbewußt-Emotionalen entsprungene Material-

sammlung den kommenden Unterrichtsschritten zugrunde legen zu können. Mit Hilfe von Leitfragen wird zuerst ein Katalog von Märchenfiguren erarbeitet, der an der Tafel und von den Schülern im Heft festgehalten wird (vgl. Tafelanschrieb I). Wichtig ist in dieser Phase (zur Vorbereitung späterer Stunden), daß die genannten Märchengestalten bereits nach bestimmten Ordnungskriterien aufgelistet werden (z. B. Helden/Gestalten aus dem Zauberreich: gute, böse und solche, die nicht eindeutig einzuordnen sind). Der Tafelanschrieb bildet die Grundlage für die nächsten Stunden und wird in Stundenblatt 3 (R) weitergeführt.

Phase 2: Diese zweite Phase bietet dem Schüler die Gelegenheit, sich selbst im Spiele darzustellen. Der Lehrer gibt den Anstoß zu einem Identifikationsspiel mit Märchenfiguren nach freier Wahl. Der Erfolg dieser Phase hängt mit davon ab, ob genügend attraktives Requisitenmaterial vorhanden ist. Dieses sollte vom Lehrer als Anreiz zur Verfügung gestellt werden (etwa glitzernder Umhang für Prinz oder Zauberer; Korb, Kopftuch, langer Rock für Mütterchen, Hexe; Krone, Zepter, Dolch aus Goldpapier etc.).

Durch die Herstellung eines Identifikationsprozesses mit diesen *„Bild-Figuren"* des Märchens erhält der Schüler der Vorpubertät die Möglichkeit, seine latent oder offen vorhandenen, oft nicht bewußten innerseelischen Konflikte und entwicklungsbedingten Probleme und Ängste (Eltern-Kind-Spannungen, ödipale Konflikte, Frustrationen) abzureagieren, *d. h. im Spiel, im Märchenstegreifspiel,* darzustellen bzw. zu lösen.

Durch Mimik, Gestik und Sprache sollten die Schüler die Hauptcharakteristika der einzelnen Märchenfiguren deutlich werden lassen. Wie bereits in den Vorüberlegungen ausgeführt, sollte bei der Darstellung der bösen, heimtückischen Märchengestalten auf das Ausspielen der negativen Aspekte großer Wert gelegt werden.

Das Kind, das unbewußt-emotional seine Märchengestalten gemäß seiner innerseelischen Verfassung gewählt und gespielt hat, darf auf keinen Fall durch zu direkte Aufschlüsselung der Märchengestalten in seiner direkten Verarbeitung durchs Spiel gestört werden. Gerade darin liegt der Wert des Spiels, daß die Lösung der Konflikte hier auf einer Schicht des Unterbewußten erfolgt, denen die archetypischen Märchengestalten und Inhalte entsprechen.

Phase 3: Im Klassengespräch wird nun positive und negative Kritik an den Stegreifspielen geübt. Zwei Einsichten sollten als Ergebnis am Ende der Diskussion stehen: Bei den im Spiel dargestellten Personen handelt es sich nicht um wirkliche Personen (dazu ist die Darstellung zu einseitig, vgl. Tafelanschrieb II), aber dennoch werden die Figuren als „wahr" empfunden (vgl. Hefteintrag).

Eine Vertiefung des Identifikationsprozesses durch die Nachgestaltung auf künstlerisch-kreativer Ebene in Form einer Hausaufgabe: („Malt eure Märchenfigur") schließt die erste Doppelstunde sinnvoll ab. Außerdem werden die Schüler darauf hingewiesen, daß sie in den kommenden Stunden selbst Märchen erzählen dürfen. Wir fordern die Schüler auf, ihre häuslichen Märchenbücher mitzubringen.

Stundenblatt Nr. 2
Märchengalerie – Märchenstunde

Stunde 3–4

Vorüberlegungen

Manches Kind kann seinen Identifikationsprozeß besser im *Bild* darstellen. Der kreativ-darstellende Bereich sollte deshalb das Mimisch-Gestische und Verbale bereichern und ergänzen. (Wünschenswert wäre hier

eine intensivere Zusammenarbeit zwischen Deutschlehrer und Kunsterzieher.) Bezugnehmend auf die Bettelheimsche These, daß jedes Märchen ein Zentralmotiv bzw. eine Zentralfigur und eine Botschaft zur Lösung des Konflikts enthalte und jedes Kind diese verschieden nachempfinde und anwende, lassen wir die Schüler ihre Lieblingsmärchenfigur (oder die dazugehörige Märchenszene) *bildnerisch gestalten.* Dies bedeutet eine Vertiefung des bereits im Stegreifspiel begonnenen Identifikationsprozesses. Das „innerseelische Geschehen" (Lüthi, a. a. O., S. 4) des heranwachsenden Kindes wird in den Märchen in archetypischen Bildern dargestellt und kann vom Kind sofort emotional nachvollzogen werden. Die Veränderungen und Umformungen, die das Kind an den bekannten Stoffen unbewußt vornimmt (siehe Exkurs), zeigen, daß die Märchen, wie auch Bettelheim und andere betonen, stark aufs Unterbewußtsein einwirken und entwicklungsbedingte Probleme und oft deren Lösungen „erarbeiten" oder zumindest aufzeigen, die das heranwachsende Kind bzw. der heranwachsende junge Mensch noch nicht denkerisch nachvollziehen kann.

„Erinnere ich mich an Hänsel und Gretel, erinnere ich mich an mich selber. Als Junge war ich mutterseelenallein, hätte ich nicht auch gern die Mutter in den Backofen gestoßen? In dem bullernden Feuer, lange geschürt, wär sie verbrannt, die Unzärtliche, und ich wär frei gewesen. Ein Märchen ist ein Traum, ein Märchen ist eine Erinnerung, du mußt dich in den Bildern *einnisten.* Erinnere dich, wie das Feuer bullert und die hexenhafte Mutter hu hu hu schreit, da verbrennt sie endlich, würde sie doch anders wiedergeboren, als Zärtliche!, o hatte ich Sehnsucht nach der Mutter ... Kaum ist das Kind geboren, stirbt die leibliche Mutter, immer und überall, es gibt überhaupt keine Wunschkinder, kaum ist das Kind geboren, sperrt die Hexe es in einen Stall, in einen LaufStall, einen KinderStall, einen SäuglingsStall (sie!). Hänsel und Gretel verirren sich im Wald. Es ist so finster und ach so bitter kalt." (K. Struck, Erinnerungen an Hänsel und Gretel. In: Grimms Märchen – modern. Prosa, Gedichte, Karikaturen [Recl. 9554], S. 20, 23 [Hervorhebung im Text])

Bild 1

Bild 2

Bild 3

23

Karin Struck verweist in ihren Ausführungen auf dieselben Identifikationsprozesse, die wir bei Schülern feststellen können. Die Bilder der Märchen sprechen das Unter-, das Unbewußte im Kind an und „formulieren" das unaussprechbar Böse (Aggressive) so, daß sich das Kind darin verstanden weiß: Die Freude, die Mutter-Hexe zu „verbrennen"! Daß es sich beim Märchen um Bilder aus dem Unbewußten handelt, macht dieses Beispiel besonders klar: Die Negativseiten (das Strafende, das Strenge...) der Hexe sollen verbrannt, vernichtet werden, die Sehnsucht nach dem Zärtlich-Mütterlichen wird dadurch eher verstärkt.

Exkurs

An dieser Stelle sei ein Exkurs „Ergebnisse zum Thema Märchengalerie" eingefügt, in dem originale Schülerarbeiten mit Hilfe des Bettelheimschen Analyseinstrumentariums untersucht werden. Um Mißverständnissen vorzubeugen, hier soll keine laienhafte Kinderanalyse à la Bettelheim versucht werden, sondern es wird die Möglichkeit genutzt, anhand konkreter Beispiele zusätzliche Informationen über den Bettelheimschen Ansatz und die von ihm festgestellten Identifikationsmöglichkeiten zu geben.
Gleichzeitig können die diesem Exkurs zugrunde gelegten Schülerarbeiten (vgl. die Bilder 1–7 auf S. 23 und 25) als fakultatives Unterrichtsmaterial dienen, sofern die Schüler in dieser Unterrichtsphase nicht selbst genügend bildnerische Ergebnisse beibringen.

I. *Die Identifikation mit dem Kleinen, Dummen, Benachteiligten,* der sich durch List und Klugheit selbst hilft und den Sieg davonträgt, wurde am häufigsten dargestellt (Tapferes Schneiderlein, Gestiefelter Kater, Däumeling).
Die Schüler waren aufgefordert worden, die Wahl der dargestellten Märchenfigur kurz zu begründen.
Ein Schüler schreibt zum Beispiel:
„Mir gefällt das tapfere Schneiderlein deshalb so gut, weil es den *großen Mann* [hier handelt es sich eindeutig um eine Verzerrung: das tapfere Schneiderlein besiegt zwei Riesen, der Riese des Märchens wird zum großen Mann (= großen Erwachsenen = großen Vater), damit holt das Kind die Märchengestalt durch den Identifikationsprozeß herein in seine Vorstellungswelt] immer überlistete, *obwohl er so klein ist."*

Welcher Triumph in dem „obwohl", welche Versicherung, daß er auch, gleich dem tapferen Schneiderlein, die Großen (die oft übermächtigen Erwachsenen!) überlisten wird!
Betrachtet man *Bild 1* und liest dazu den Text des Schülers, so scheinen Bild und Text zunächst in völligem Gegensatz zu stehen:
„Mir gefällt das tapfere Schneiderlein so gut, weil es den Riesen immer überlistet und am Schluß sogar die Königstochter heiratet, *obwohl* es nur ein kleines, dünnes Schneiderlein ist." Die Übermacht des „Riesenvaters" dem kleinen „dünnen" Schneiderlein gegenüber ist selbst einem Nichtpsychologen einsichtig. Der Märcheninhalt, dem Schüler bekannt, wird auf dem von ihm gemalten Bild völlig verzerrt wiedergegeben, oder anders: das Kind formt, seiner Seelenstruktur gemäß, das Bekannte um: Hier wirft der Riesenvater Steine auf das Schneiderlein, und dieses versteckt sich hinter einer Holzkiste, anstatt daß das Schneiderlein Steine auf die Riesen wirft. Der Riese lebt, er wird nicht getötet. Der Ort der Handlung ist eine höhlenartige, beengende Räumlichkeit, nicht der Wald wie im Märchen.
Die archetypische, problemgeladene Situation „Vater-Sohn" hat der Schüler in dem Märchengeschehen des „Tapferen Schneiderleins" unbewußt wiedergefunden, *bildnerisch* als sein ungelöstes Problem dargestellt, im *verbalen Bereich* aber – und das ist nun pädagogisch sehr interessant – gemäß dem Märchenverlauf die Lösung des Konflikts, also den Sieg des Kleinen über den Großen, Übermächtigen, ganz sicher vollzogen.
Hier wird beispielhaft klar, wie durch die Herstellung eines Identifikationsprozesses das jeweilig akute Problem eines Kindes angesprochen wird, wie das Kind sich über die Märchenhandlung hinweg *sein* Märchenbild bzw. Märchengeschehen unbewußt baut und wie es aus der Lösung des Konflikts im Märchen, womit es sich ja identifiziert, Lösungen für sich selbst sieht und daran glaubt.
Didaktisch fruchtbar ist auch ein *Vergleich von Bild 1 und 2:* Der zweite Schüler wählte eine ganz andere Szene aus dem Märchen – angriffslustiger, lebensoptimistischer könnte das „Tapfere Schneiderlein" kaum dargestellt werden! Der Riese tritt gar nicht in Erscheinung, im Mittelpunkt steht das tapfere Schneiderlein, lachend, die offene Schneiderschere und die erhobene Fliegenklatsche in der Hand: „Euch zeig ich's!" Dieses Bild des Schülers zeigt eine große Überlegenheit und innere Ausgeglichenheit, hier hat sich das Kind *seine* Figur des selbstsicheren, listigen, siegreichen Schneiders gebildet, sein Schneider ist auch sein Ich. Diese beiden Beispiele zeigen deutlich, daß das Kind nicht die Märcheninhalte und Figuren genau nachbildet,

Bild 4

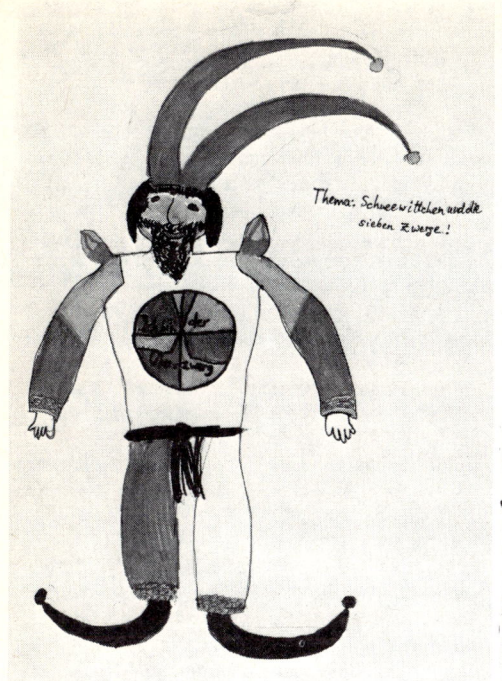

Bild 5

Bild 6

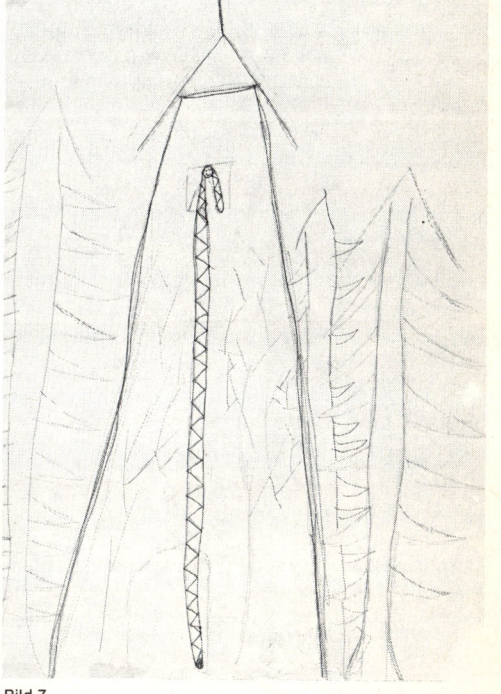

Bild 7

25

sondern umformt, verformt, sich und seinen ihm unbewußten Vorstellungen nachformt.

Ein dritter Schüler formulierte so: „Mir gefällt das tapfere Schneiderlein so gut, weil es mit seiner *Umwelt,* trotzdem daß es so klein und arm ist, fertig wird." Diese Formulierung macht den Identifikationsprozeß verbal sehr schön deutlich, der Schüler hat denkerisch die verschiedenen Abenteuer des Schneiderleins (Einhornjagd, Riesenverfolgung etc.) in seine Vorstellungswelt hineinnehmen können und sie im besten Sinne für sich „übersetzt": „Umwelt" muß ja er auch bewältigen, er muß damit fertig werden.

Einem weiteren Schüler war das Motiv der Angst sehr wichtig. Er wählte eine Szene aus den „Sieben Geißlein": „Mir gefällt das 7. Geißlein so gut, weil es ein so gutes Versteck gefunden hat, weil es Angst hatte, aber *trotzdem* listig war." Das Märchen hilft dem heranwachsenden Kind, mit der Angst, die es in so vielen schrecklichen Formen bestürmt und bedroht, fertig zu werden. Das Bildsymbol des auffressenden Wolfes (das ja in vielen Märchen erscheint), steht für alle ausgestandenen Ängste, das allerkleinste Geißlein aber kann sich dennoch retten − das ist eine starke Botschaft für das Kind, das den Ängsten noch völlig emotional ausgesetzt ist.

Zwei weitere Bilder verdeutlichen den Identifikationsprozeß mit den Kleinen, die sich aber mit List selber helfen: *Bild 3: Der gestiefelte Kater* ist hier in ausgeprägt herrisch-herrschender Pose dargestellt. Der schlaue Kater des Märchens wird mit Schwert (Gewehr) und dem Hut in erhobenem Arm gemalt − überlegen grinsend, die Ohren listig aufgestellt, scheint er sich jeder Auseinandersetzung mit stärkeren Widersachern gewachsen zu fühlen.

Bild 4: „Ich bin der Oberzwerg!" Diese Bildidentifikation mit einer Zwergengestalt ist ein weiteres Beispiel für unsere These, daß jedes Kind die Märcheninhalte und Märchengestalten umformt und seinen Vorstellungen anpaßt: das Kind hat den kleinen Wuchs des Zwerges aus dem differenzierten Bild der Märchenfigur „Zwerg" entnommen, Till-Eulenspiegel-Bildsymbole zugefügt und so das „Kleine" durch die Adjektive „listig-lustig" bereichert. Er selbst ist der Anführer, nicht mehr der Unterste, Kleinste, sondern der Größte: der Oberzwerg! Das Kind hat sich bewußt mit einem Zwerg identifiziert, entsprechend der Themenstellung hätte es sich auch eine typische „Führer"-Märchengestalt (König, Zauberer etc.) wählen können. Doch die kleinen, aber listigen Gestalten des Märchens sind der Psyche des Kindes näher.

II. Aschenputtelidentifikation

Aschenputtel als Zentralfigur wurde von vielen Mädchen gewählt.

„Mir gefällt das Aschenputtel deshalb so gut, weil es so *arm* ist, sich in seiner Not aber gut zu helfen weiß." Der Kernbegriff „arm" wird von den Kindern symbolisch erfaßt und verstanden als Verlassensein und Mißhandeltwerden.

Das Bild 5 wurde von der Schülerin so erklärt: „Mir gefällt Aschenputtel deshalb so gut, weil sie so fleißig und gehorsam [!] ist, daß sie den König heiraten kann." Kein Wort von Mißhandlung, Ungerechtigkeit oder Verstoßensein! Das Kind entnimmt dem Märchen einen positiven Gehalt, es sieht sogar einen Kausalzusammenhang zwischen Gutsein (trotz der Bosheit! der Stiefmutter und der Stiefschwestern) und der „Belohnung": der Heirat am Schluß. Das ungemein sorgfältige Malen des Kindes ergänzt diese Aussage aufs deutlichste. Aschenputtel ist hier nicht verstoßen, verachtet, unglücklich dargestellt, sondern zufrieden, der Situation gewachsen, beschützt von den Vögeln am Fenster, vom Bäumlein auf dem Grabe der Mutter (dadurch wird die tote Mutter als Beschützerin, Helferin, als Figur des Guten und Wahren mit ins Bild integriert), umgeben von den helfenden Tauben. Schlimmer als Aschenputtel kann wohl kein Kind mißhandelt, kein Kind verachtet werden, bösartigere Stiefmütter und Stiefschwestern kann sich kein Kind vorstellen.

„Kein anderes Märchen zeigt so deutlich … die inneren Erlebnisse des kleinen Kindes, das schwer unter der Geschwisterrivalität zu leiden hat, wenn es sich von seinen Brüdern und Schwestern hoffnungslos verstoßen fühlt … So übertrieben die Leiden und die Erniedrigungen Aschenputtels dem Erwachsenen auch vorkommen mögen, ein Kind fühlt in seiner Verzweiflung über die Geschwisterrivalität: das bin ich; … Die Ereignisse im ‚Aschenputtel' liefern ihm lebhafte Bilder, die seine überwältigenden, aber trotzdem meist vagen und unbestimmten Emotionen verkörpern…" (Bettelheim, a. a. O., S. 226)

Dieses Märchen gibt nun dem Kind deutlich zu verstehen, daß es aus eigener Kraft (Fleiß, Ausdauer, Gehorsam) das Böse (Stiefmutter, Schwestern) überwinden kann. Es werden ihm dann Hilfen zuteil (Zaubermittel der Mutter: Kleider und Tauben), die aus dem Jenseitsreich entspringen. Der Lohn bleibt nicht aus, der Prinz erlöst Aschenputtel. Diese Botschaft wurde von der zitierten Schülerin sehr deutlich erfaßt und in Wort und Bild wiedergegeben.

III. Dornröschenidentifikationen

„Mir gefällt Dornröschen so gut, weil es erst in *den* [!] *langen Schlaf geschickt wird* und danach von einem Prinzen auferweckt *wird.*"

Die Schülerin hat mit ungemeiner Prägnanz – völlig unbewußt – das Schlüsselmotiv erfaßt: der Schlaf des Dornröschens ist kein gewöhnlicher, sie sagt treffend „den" Schlaf. Es ist außerdem ein sehr langer Schlaf, und Dornröschen legt sich nicht zum Schlafen nieder, sondern (und diese Formulierung ist deshalb besonders schön) sie „wird geschickt", es passiert etwas mit ihr, dem sie passiv ausgesetzt ist. Mit dem Anfang der Pubertät ist symptomatisch eine Periode der Passivität verbunden, in der sich das Mädchen ganz nach innen wendet, um nach einem längeren Reifungsprozeß „aufzuwachen". Der „lange Schlaf", als Chiffre für die notwendige Reifungszeit, wird als selbstverständlich akzeptiert (vgl. die Formulierung der Schülerin: „es wird in den langen Schlaf geschickt").

Bettelheim betont auch die psychoanalytische Bedeutung dieses „Schlafes": „Märchen, die wie ‚Dornröschen' die Periode der Passivität als zentrales Thema haben, ermöglichen es dem jungen Menschen zu Beginn der Adoleszenz, sich über seine mangelnde Aktivität keine Sorgen zu machen ... Heutzutage haben viele jungen Leute und ihre Eltern Angst vor einem ruhigen Heranwachsen, bei dem sich nichts Besonderes zu ereignen scheint, weil allgemein angenommen wird, daß man nur etwas erreicht, wenn man Dinge tut, die nach außen in Erscheinung treten. Dornröschen zeigt uns, daß eine lange Periode der Ruhe, der Kontemplation und Konzentration auf sich selbst oft zu höchsten Leistungen führt." (a.a.O., S. 214 f.)

IV. Hänsel-und-Gretel-Identifikationen

„Mir gefällt die Hexe wegen dem Lebkuchenhaus!" Dieses Bild (nicht abgebildet) als Illustration im besten Sinne, als Nachvollzug der oralen Lust, stellt die Schülerin uns in den leuchtendsten Farben die Hexe *im* Hexenhaus dar. Tür und Fenster im Haus sind nicht vorhanden, bildhaft-flächig geht die Hexe auf im Haus. Prächtig-verlockend und ornamental ist ihr Gewand, so gar nicht garstig-hexenhaft, lustvoll-verführerisch die ganze Szenerie! Auch hier wieder eine tiefenpsychologisch entscheidende Umformung der bekannten Hexenfigur: das Böse, Abscheuliche, ja todbringende, drohende Element ist völlig ausgespart zugunsten des Verlockend-Oralen. „Hexe und Lebkuchenhaus", nicht „Hexenhaus", schreibt das Mädchen selbst.

„Ein Lebkuchenhaus, welches man ‚aufessen' kann, ist ein Symbol der Mutter, die tatsächlich ja das Kind mit ihrem Körper nährt. So steht das Haus, das Hänsel und Gretel selig und sorglos verzehren, in ihrem Unterbewußtsein für die gute Mutter, die ihren Körper für die Ernährung des Kindes hergibt." (Bettelheim, a.a.O., S. 153)

V. Stiefmutteridentifikationen

Ein Junge wählte die Stiefmutter in „Schneewittchen" als Lieblingsfigur aus und sagt dazu: „Die Stiefmutter gefällt mir, da sie ‚es' mit allen Mitteln versucht und doch überlistet wird."

Diese Ambivalenz – Freude am Bösen und Verurteilung desselben – befriedigt das Kind. Das Hintertriebene, das Ränkevolle, das Listig-Gemeine übt eine große Faszination auf die Heranwachsenden aus. Anderseits spielt das Verlangen nach Bestrafung des „Unrechten" eine große Rolle, die Stiefmutter muß bestraft werden, sie muß am Schluß zu Tode kommen. So lernt das Kind bzw. der Heranwachsende das Böse zu ertragen, es wird ihm die Versicherung gegeben, daß das moralische Gleichgewicht am Schluß des Märchens wieder hergestellt wird.

VI. Rapunzelidentifikationen

Das Märchenmotiv der Rapunzel mit dem langen, rettenden Zopf war für sehr viele Schüler ein Anreiz.

Wir möchten hier zwei der unterschiedlichsten Beispiele anführen: *Bild 6 und 7.*

Bild 6: „Ich wählte Rapunzel, weil die Geschichte mir gefällt." Keine weiteren verbalen Möglichkeiten zu differenzieren. Ein Schüler malt hier riesengroß, überdimensional, den Rapunzelzopf, mit dessen Hilfe Rapunzel sich retten kann, an dem der Retter hochsteigt. Möglich, daß hier das Kind seinen eigenen Rettungsversuch gemalt hat – der Riesenzopf hängt von einem noch gigantischeren Turm herab, aber ohne Erfolg: Kein Retter steht unten, der Wald ist leer, der Partner, der Freund fehlt.

Zieht man den Vergleich nun zu *Bild 7,* so erscheint hier die seelische Harmonie und Geschlossenheit frappierend: Der Retter lächelt nach oben, der Blickkontakt funktioniert, sie lächelt zurück, der Retter erhebt schon verheißungsvoll die Arme („ich komme"), die klare „gefüllte" bildnerische Ausführung zeugt von innerer Reife und Ausgeglichenheit. Das Kind bestand darauf, daß es den Text mit in das Bild integrieren konnte: „Ich finde Rapunzel und den Prinz gut, weil beide zusammenhalten und Rapunzel so befreit wird."

Diese beiden Beispiele zeigen vielleicht am deutlichsten, wie das heranwachsende Kind sich im Märchen und durch das Märchen selbst darstellt und mit den Märchengestalten Lösungen seiner seelischen Konflikte sucht.

Eine andere Schülerin schreibt: „Mir gefällt Rapunzel so gut, weil sie sich aus so einer schlechten Lage zu helfen weiß, nämlich indem sie den Königssohn mit ihrem Zopf nach oben holt." Auch dieses Kind hat die „Botschaft" des Märchens verstanden: Rettung aus der „schlechten Lage" durch das eigene *Selbst*, durch eigene Erfindungsgabe.

Stundenverlauf

Phase 1: Zu Beginn der Stunde nehmen wir das Thema der letzten Stunde wieder auf und besprechen die Hausaufgabe unter dem Motto *„Wir besuchen eine Märchengalerie".* Die Märchenbilder der Schüler werden (nach verschiedenen Themen geordnet) gut sichtbar aufgehängt, und die Schüler gruppieren sich im Halbkreis darum herum. Mögliche Umformungen und Verzerrungen der Märchengestalten und -inhalte werden anhand eines Märchen-*Ratespiels* „Welches Märchen ist es?" zur Diskussion gestellt.

Als Ergebnis stellen die Schüler fest, daß sie nicht das Grimmsche Märchen in seiner genauen Erzählweise gemalt und dargestellt haben, sondern ihr eigenes Märchen, ihre eigenen Märchengestalten. Diese Erkenntnis halten wir als Tafelanschrieb I fest.

Phase 2 (fakultativ) kann anstelle der Phase 1 behandelt werden oder als Ergänzung derselben, wenn es sich um eine Klasse handelt, die nicht genügend Bildmaterial selbst produziert. Denkbar ist auch, daß Phase 2 – als Vorbereitung gewissermaßen – vor Phase 1 gesetzt wird. Durch den Vergleich und die Gegenüberstellung zweier unterschiedlicher Bildversionen einer Märchenfigur werden die Schüler ermutigt, ihre eigenen Märcheninterpretationen darzustellen.

Möglicherweise sind die hier (und auf dem Stundenblatt) vorgeschlagenen Ergebnistabellen zusammen mit dem Exkurs auf S. 24 ff. eine Anregung für den Lehrer, bevor er Phase 1 mit seinen Schülern behandelt.

Mit Hilfe des Epidiaskops betrachten wir die völlig unterschiedlichen Bildinterpretationen zu dem „Tapferen Schneiderlein" und zu „Rapunzel" (s. S. 23 und 25) und entwickeln die Antithetik der Bilder 1/2 und 6/7. Bei dem Bild „Aschenputtel" (Bild 5) entwickeln wir mit den Schülern den Gegensatz zwischen dem Märchen (Grimm) und der Bildinterpretation.

Sicher müssen mit den Schülern nicht unbedingt alle fünf Schülerarbeiten besprochen

Vergleich der beiden Rapunzelbilder

Bild 7:		Bild 6:
– riesiger, unbezwingbarer Turm	← →	– Turm, der für den Prinzen leicht zu bezwingen ist
– riesiger Zopf, an dem niemand emporklettern wird	← →	– Zopf, an dem der Prinz gleich hochklettern wird
– winziges, ausdrucksloses Gesicht Rapunzels	← →	– Rapunzel, deutlich gemalt, lächelt dem Retter zu
– kein Retter, kein Prinz	← →	– Prinz, groß und deutlich gemalt, erhebt siegesgewiß die Hand
– Riesentannen, Wald	← →	– Schloß und Mauern
– das Bild wirkt insgesamt trostlos, hoffnungslos.	← →	– das Bild strahlt Zufriedenheit und Freude aus
– Hilfe ist unmöglich – keine Partnerschaft	← →	– Hilfe ist möglich – echte Partnerschaft

Aschenputtel-Bild

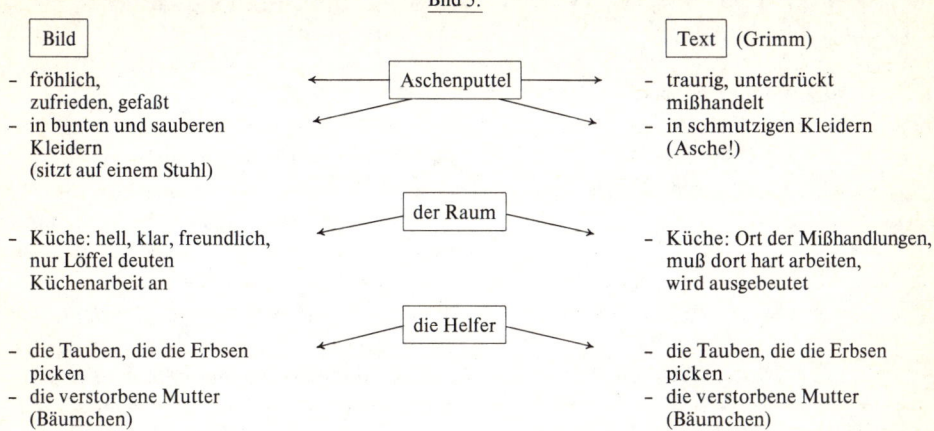

Bild 5:

Bild   Aschenputtel   Text (Grimm)

Bild

- fröhlich, zufrieden, gefaßt
- in bunten und sauberen Kleidern (sitzt auf einem Stuhl)

Aschenputtel

Text (Grimm)

- traurig, unterdrückt mißhandelt
- in schmutzigen Kleidern (Asche!)

der Raum

- Küche: hell, klar, freundlich, nur Löffel deuten Küchenarbeit an

- Küche: Ort der Mißhandlungen, muß dort hart arbeiten, wird ausgebeutet

die Helfer

- die Tauben, die die Erbsen picken
- die verstorbene Mutter (Bäumchen)

- die Tauben, die die Erbsen picken
- die verstorbene Mutter (Bäumchen)

werden. Unter Umständen genügt es, wenn nur 2 Bilder einander gegenübergestellt werden.

Phase 3 („Märchenstunde"): Die von den Schülern gemalten Märchen sollen nun sprachlich wiedergegeben werden. Der Reiz dieses methodischen Vorgehens liegt darin, daß wir den gleichen Stoff, den wir zunächst im freien Spiel, sodann im freien Malen dargestellt haben, nun auch sprachlich frei gestalten lassen.

Wir legen Wert auf eigenes *freies Erzählen* der jeweiligen Märchen und ermutigen die Schüler zur Ausschmückung und Ausgestaltung ihrer Lieblingsfiguren und derjenigen Handlungspassagen, die ihnen am besten gefallen.

Jedes Kind darf sein Lieblingsmärchen erzählen. Die häusliche Malarbeit und die damit verbundene intensive Auseinandersetzung mit dem gewählten Stoff erleichtern den Schülern das freie Sprechen, das erfahrungsgemäß für Schüler dieser Altersstufe eine große Konzentration und Anstrengung bedeutet. Wenn irgend möglich, sollten die Schüler im Kreise sitzen, der äußere Rahmen schafft die entsprechende Erzählsituation: Jeder kann den anderen sehen und ihm besser zuhören. Das individuelle Erzählen, das

freie Sprechen *in* (nicht vor!) einer Gruppe Hörender, stellt die Ursituation der Märchenerzähler her. Wir verweisen hier die Schüler auf die „Spinnstuben", jahrhundertelang der Ort des Märchenerzählens, und machen den Prozeß des Entstehens eines Märchens bewußt: Erzählen, zuhören, umformen, abändern, weitererzählen … Die Schüler erfahren das Märchen als lebendiges Erzählgut, an dessen Weiterentwicklung und Umformungsprozessen sie aktiv teilnehmen. Die Schüler lernen so auch verstehen, daß die verschiedenen Versionen eines Märchens durch diese Überlieferungsform entstanden sind.

Der Lehrende sollte darauf achten, daß möglichst verschiedenartige Märchen vorgetragen werden, so daß eine sinnvolle Auswertung bezüglich der Handlungsschemata (Stundenblatt Nr. 3) gewährleistet wird, die für die folgende Stunde vorgesehen ist.

Phase 4 führt auf die Thematik des Stundenblatts Nr. 3 hin:

„Handlungsstruktur der Märchen". Anhand der skizzierten Leitfragen wird das Grundschema der Handlungsabläufe aller Märchen erarbeitet und festgehalten. Die beliebig ausgewählten Märchen lassen bereits ein gleich-

bleibendes Handlungsschema erkennen: Auszug eines Helden – Weg durch Gefahren – glückliches Ende.
Da diese Phase vorwiegend Hinführungsfunktion hat, kommt es in diesem Stadium noch nicht auf detaillierte Ergebnisse an.

Unterrichtsziele

1. Durch die Herstellung eines *Identifikationsprozesses* mit den *Bild-Figuren* des Märchens wird dem Schüler der Vorpubertät die Möglichkeit geboten, seine latent oder offen vorhandenen, nicht bewußten innerseelischen Konflikte und entwicklungsbedingten Probleme und Ängste abzureagieren, d.h. im Spiel darzustellen. Die Schüler vollziehen den Identifikationsprozeß auf drei Ebenen:
   – im Spiel
   – beim Malen
   – durch das Erzählen.

2. Die Schüler stellen im Rollenspiel die bösen Märchengestalten dar und „erspielen" andererseits die Lösung eines Konflikts durch gute Märchengestalten.

3. Die Schüler vertiefen den Identifikationsprozeß durch das künstlerische Nachgestalten, die im Spiele gewonnenen Ergebnisse werden somit noch verdeutlicht.

4. Durch das freie Erzählen der Märchen wird den Schülern der Prozeß der Entstehung und Überlieferung von Märchen erklärt.

Stundenblatt Nr. 3
Analyse der Handlungsstruktur des Märchens

Stunde 5–6

Vorüberlegungen

Der russische Märchenforscher Wladimir Propp („Morphologie des Märchens"), der von einer strukturellen Gleichheit aller Zaubermärchen ausgeht, stellt als *„konstante und unveränderliche* Elemente des Märchens" die *„Funktionen der handelnden Personen* unabhängig davon, von wem oder wie sie ausgeführt werden", heraus (vgl. Märchenanalysen [Reclam 9532], S. 112).
Durch Isolierung der einzelnen Bestandteile der Handlungen entwirft er ein differenziertes, allen Märchen zugrunde liegendes Strukturschema.

„Die Zahl der Funktionen ist für das Zaubermärchen begrenzt."
„Die Reihenfolge der Funktionen ist stets ein und dieselbe." (ebda.)

Dieser wissenschaftliche Ansatz, der mit strukturalistischen Methoden die Märchen in Einzelteile und Funktionselemente auflöst und damit die erste objektive Methode zur Untersuchung der Märchenstrukturen gibt, dient als Ausgangspunkt der Märchenuntersuchung mit Schülern.
Nach Propp liegt allen Märchenhandlungen folgendes dreigliedriges Strukturschema zugrunde, das wir hier für den Unterrichtsgebrauch vereinfacht und stichpunktartig wiedergeben (a.a.O., S. 117):

I. Ausgangssituation:
Entfernung, Verbot, Verrat, Betrug, Raub, Aussetzung, Verzauberung, Mord...

II. Weg des Helden:
Mangelsituation einer Braut, eines Zaubermittels, Hinabwerfen in einen Abgrund, An-

schlag auf das Leben des Helden, Sieg in kämpferischer Begegnung, Empfang des Zaubermittels, Fahrt, Kampf...

III. Lösung:

Aufhebung des Unglücks, Anwendung einer List und des Zaubermittels, Entzauberung, Wiederbelebung, Befreiung, Rettung vor dem Feind, Bestrafung des Bösen, Hochzeit und Thronbesteigung.

Diesen Dreierrhythmus sieht auch Lüthi als das „allgemeinste Schema, das dem europäischen Volksmärchen zugrunde liegt."

„Schwierigkeiten und ihre Bewältigung. Kampf/Sieg, Aufgabe/Lösung sind Kernvorgänge des Märchens." (Märchenanalysen, S. 48)

Schüler dieser Altersstufe haben im allgemeinen großen Spaß an schematischen Darstellungen und Untersuchungen. Das machen wir uns in den folgenden Stunden zunutze und lassen die Schüler die Handlungsstruktur verschiedener Märchen analysieren und tabellarisch festhalten. So werden sie ohne Schwierigkeiten, ganz induktiv, die Ergebnisse der Proppschen Strukturanalyse nachvollziehen und zu der Erkenntnis geführt, daß die Handlung aller Zaubermärchen nach gleichen Aufbaugesetzen verläuft.

Stundenverlauf

Phase 1: Das Thema „Handlungsschema", das bereits in der vorhergehenden Stunde kurz angerissen wurde, wird nun anhand einer Analyse mehrerer Märchen vertieft und detailliert. Zu diesem Zweck werden Arbeitsgruppen gebildet, die jeweils ein Märchen gezielt untersuchen. Am besten ist es, wenn die Gruppen Märchen bearbeiten, die in der letzten Stunde („Märchenstunde") erzählt wurden.
Damit die Gruppenarbeit zu den gewünschten Ergebnissen führt, müssen vorher genaue Arbeitsanweisungen in Form von Fragen gestellt werden.

A. *Vergleicht die verschiedenen Märchenanfänge!*
– Wie heißt der Held?
– Welche Personen umgeben ihn? Was tun sie?
– In welcher Lage befindet sich der Held?
– Was tut er?

B. *Vergleicht die Lebenswege der Helden!*
– Welche Abenteuer, Leiden, Proben, Gefahren bestehen sie?
– Welche Zaubermittel erringen sie? Wie geschieht dies?
– Wer steht ihnen bei?
– Wer bedroht sie?
– Welche Feinde überwindet der Held und wie?

C. *Vergleicht das „Happy-End" der Märchen!*
– Wie verschafft sich der Held den Sieg?
– Welches Zaubermittel verwendet er?
– Erlöst er eine verzauberte Person? Wie gelingt ihm dies?
– Wie wird (werden) das Böse (die Bösen) bestraft?
– Wie werden die Guten belohnt?
– Wie endet das Märchen?
– In welchem Zustand befindet sich der Held?
– Vergleiche mit dem Anfang!

Die Ergebnisse der Gruppen werden gesammelt und nach dem Schema des Tafelbildes I „Auszug – Weg – Lösung" systematisiert. (Die drei Begriffe werden vom Lehrer vorgegeben.) Diese Gliederung läßt sich praktisch für jedes beliebige Märchen durchführen. Je mehr Märchen untersucht und je vielfältiger die Märchen sind, um so aussagekräftiger und differenzierter wird das Ergebnis, d.h. um so häufiger treten die gleichen Begriffe in den einzelnen Spalten des im Stundenblatt ausgeführten Schemas auf.

Die Schüler stellen anhand dieses Schemas *selbst* die „konstanten und unabänderlichen Elemente" (Propp) fest, auf die wir vorhin verwiesen haben (vgl. S. 30 f.).

Der Lehrer sollte darauf achten, daß die im Tafelbild I verwendeten systematisierenden Begriffe „Gefahren", „Prüfungen", „Leiden", „List" („Weg-Spalte") schon im Unterrichtsgespräch genannt werden und bei jedem Märchen auftauchen.

Alle Schüler tragen die Tabelle ins Heft ein.

Phase 2: Diese tabellarischen Ergebnisse werden nun weiter ausgeführt und zu Ergänzung und Differenzierung der bereits in der 1./2. Stunde gefundenen Unterrichtsresultate benutzt, indem die neu gewonnenen Erkenntnisse zur Handlungsstruktur in den bereits vorhandenen Tafelanschrieb zur Figurenkonstellation eingefügt werden. (Vgl. Stundenblatt Nr. 1, Tafelanschrieb I.) So spannen wir einen Bogen von der ersten bis zur sechsten Stunde, nehmen Ergebnisse wieder auf und stellen sie in neuen Zusammenhang.

Die Heldenfiguren und die Figuren des Zauberreichs (Stundenblatt Nr. 1) werden nun mit Wegpfeilen versehen, die das Handlungsgefüge der Märchen optisch und dem Schüler einsichtig darstellen (Stundenblatt Nr. 3, Tafelanschrieb II).

Die „Weg-Spalte" (Tafelanschrieb I, Stundenblatt Nr. 3) wird zum „Weg-Pfeil" (Tafelanschrieb II, Stundenblatt Nr. 3): Der Held zieht in die Welt: Wir beschriften die Pfeile mit den gefundenen Begriffen. Der Schüler kann nun in seinem Schaubild verfolgen: Auf seinem Lebensweg durchläuft der Held das Zauber- bzw. Jenseitsreich, das ihn mit seinen Gefahren und Prüfungen, seinen Leiden und Rätseln bedroht, das ihm aber auch durch seine guten Figuren Hilfe spendet und Zaubermittel zur Verfügung stellt, so daß er nach dem Durchgang durch das Zauberreich die Prinzessin gewinnt und damit auch Glück und Reichtum.

Ein weiterer Pfeil verdeutlicht die Entwicklung des Helden: aus Not und Armut wird Glück und Reichtum, aus Verachtung und Demütigung Hochachtung und Huldigung (z. B. „Allerleirauh", „Schneewittchen" etc.).

Dieses aus Stundenblatt Nr. 1 ergänzte Tafelbild macht dem Schüler den Handlungsverlauf bildhaft deutlich, die Pfeile verstärken die lineare Zuordnung und den Funktionscharakter der Figuren (Propp). Die Eindimensionalität (Lüthi), die Schematik der Handlungsabläufe und die starke Antithetik werden so dem Schüler deutlich vor Augen geführt.

Die Diskussion um das sogenannte „Happy-End", von manchen Schülern schon vorher hinterfragt, könnte nun sinnvoll geführt werden. Wir lesen am Schaubild ab: Das Kind (Sterntaler, Schneewittchen, Däumling etc.) zieht in die Welt, erlebt Abenteuer, Gefahren, um dann nach dem Durchgang und Zusammentreffen mit den Mächten und Figuren des Zauberreiches ans Ziel zu kommen. Das Ziel bedeutet Meisterung und Überwindung der Gefahren und Erringen von Glück, Liebe und Reichtum. Dieses Ziel wird gewährleistet durch Bestrafung der Bösen und Belohnung der Guten. Im Tafelanschrieb wird das durch die Belohnungs- und Bestrafungspfeile verdeutlicht.

Wie wir gezeigt haben, ist es gerade das gute Ende der Märchen, das dem heranwachsenden Kind mit seinen vielfältigen Ängsten und Emotionen die Versicherung gibt, daß es auch ans Ziel kommt. Deshalb identifiziert es sich mit den entsprechenden Märchenfiguren, die eine ihnen bekannte Bahn im vorgezeichneten Handlungsgeschehen beschreiben und *immer* siegen.

„Auch im Märchen ist Leid, doch es wendet sich, und zwar auf immer … Das Märchen wird zuletzt immer golden, genug Glück ist da. Gerade die kleinen Helden und Armen gelangen dorthin, wo das Leben gut geworden ist." (E. Bloch, in: Märchenanalysen, S. 33 f.)

„Wenn Märchen den Märchenhelden als Auser-
wählten zeigen, so sind sie damit nicht unkritisch.
Sie flößen vielmehr dem Menschen von frühester
Jugend an Optimismus ein …, sie zielen auf posi-
tive Veränderungen der sozialen Lage ab." (B.
Wollenweber, in: Märchenanalysen, S. 66)

Stundenblatt Nr. 7 nimmt diese Frage auf und
entwickelt altersgemäße Modelle zur Diskussion der Frage „Das Märchen und sein Realitätsbezug" (vgl. S. 48 ff.).

Unterrichtsziele

1. Die Schüler analysieren mit einer altersgemäßen Methode den Handlungsverlauf
   verschiedener Zaubermärchen.

2. Die Schüler erkennen selbst (anhand von
   Gruppenarbeit und Tafelanschrieben):
   – die *Eindimensionalität,*
   – die *starke Antithetik* und
   – den *schematischen Handlungsverlauf
     des Märchens,* der aus begrenzten Ein-
     zelfunktionen zusammengesetzt ist,
     und lernen, ihn zu systematisieren und
     zu benennen.

3. Durch diesen Prozeß gewinnen die Schüler Einsicht in die Baugesetze des Märchens und machen sich diese verfügbar,
   d. h. sie werden befähigt, selbst „Märchen" zu entwerfen.

Stundenblatt Nr. 4
Auffinden typischer Märchen-
elemente

Nr. 4,1: Stunde 7–8
Nr. 4,2: Stunde 9
Nr. 4,3: Stunde 10

Vorüberlegungen

Max Lüthi betont in seinen Ausführungen
über das Märchen die

„Vorliebe für die reinen Farben und *Linien,* für alles klar Ausgeprägte überhaupt, für *Metalle, Mine-
ralien, Extreme und Kontraste, Formeln…*
An Farben nennt das Märchen gerne rot, weiß und
schwarz, daneben gold und silbern…
Zu Formeln gehören nicht nur die festgefügten
Anfänge und *Schlüsse,* sondern auch Verse, die
Formel, die *Dreizahl* und das *Gesetz der Steige-
rung."* (a. a. O., S. 28 ff.)

Von diesen Überlegungen Lüthis ausgehend,
versuchen wir, einige wesentliche Strukturelemente des Märchens, die der Schüler erkennen kann, aus verschiedenen Märchen zu
isolieren und zu systematisieren.

a) Motiv der Wiederholung (Vers, Strophe)
Wie W. Spanner („Das Märchen als Gattung." In: Wege der Märchenforschung,
hrsg. von F. Karlinger [WdF Bd. CCLV],
S. 172) aufzeigt, ist der Vers im Märchen
„Rest magischen Brauchtums", er dient nicht
nur der Ausschmückung, sondern ist wesent-
liches Strukturelement.
Zum Beispiel „Aschenputtel":
„Bäumchen, rüttel dich und schüttel dich,
wirf Gold und Silber über mich!"

„die guten ins Töpfchen,
die schlechten ins Kröpfchen."

„rucke di gu, rucke di gu,
Blut ist im Schuh,
der Schuh ist zu klein,
die rechte Braut sitzt noch daheim."

„rucke di gu, rucke di gu,
kein Blut im Schuh,
der Schuh ist nicht zu klein,
die rechte Braut, die führt er heim."

„Schneewittchen": „Spieglein, Spieglein an
der Wand…"

„Die Gänsemagd": „Weh, weh Wind-
chen…"

„Brüderchen und Schwesterchen": „Was
macht mein Kind…"

„Rumpelstilzchen": „Heute back ich, morgen brau ich…"

„Hänsel und Gretel": „Knusper, knusper
Kneischen…"

„Frau Holle": „Kikeriki, die goldene Jung-
frau ist wieder hie!…"

„Der Wolf und die sieben Geißlein": „Was
rumpelt und pumpelt…" etc.

Die Liste ist beliebig fortzusetzen.

b) *Motiv der Zahlen*

„Ein solcher Rhythmus der *Dreigliedrigkeit* be-
herrscht aber auch sonst in erheblichem Maße den
Aufbau des Märchens, nicht bloß erscheint die
Drei als die stehende Zahl überhaupt, indem Personen, Dinge, Maße regelmäßig in der Dreizahl erscheinen, drei Söhne, drei Schwestern, drei Riesen,
drei Zwerge, drei Drachen, drei Wunschringe …
Die Dreizahl gibt sehr oft dem Stoffe zugleich die
entscheidende Gliederung." (F. Panzer, in: Wege
der Märchenforschung, S. 86 ff.)

Aber auch andere Zahlen spielen eine
Hauptrolle:

die Hundert: 100 Jahre schläft Dornröschen;

die Sieben: 7 Raben, 7 Wünsche, 7 Geißlein…

die Sechs: die 6 Schwäne, Sechse kommen
durch die ganze Welt…

die Zwölf: die 12 Brüder, die 12 Jäger…

c) *Motiv der Zaubermittel*

Vor allem aber finden wir in den Märchen die
verschiedensten Gegenstände, die die wun-
derbarsten Fähigkeiten haben: Tische, die
Speisen hervorzuzaubern, Töpfe und Krüge,
die laufen, Kleidungsgegenstände, die un-
sichtbar machen, lebensspendendes Wasser,
todbringende Früchte, unbezwingbare Waf-
fen.

Das Zaubermittel entstammt dem Jenseitsreich. Der Held, der auszieht, findet oder er-
ringt es nach Lösung schwerer Aufgaben und
Rätsel, oder aber es fällt ihm im Schlafe zu.
Er bedarf des Zaubermittels, sonst kann er
sein Ziel nicht erreichen.

d) *Motiv der verzauberten Tiere*

„Auch die Tiere steigern hier ihre Natur. Sie sind
vor allem sprachbegabt wie die Menschen und die-
sen in Freundschaft und Feindschaft verbunden.
Sie stehen dem Helden als Helfer zur Seite, oft aus
Dankbarkeit für gewährte Schonung … ihre Er-
scheinung ist gesteigert … sie haben oft seltsame
Eigenschaften und Fähigkeiten: Ein Esel niest
Dukaten, ein Fisch erfüllt alle Wünsche, wer das
Fleisch der weißen Schlange genießt, versteht die
Vogelsprache …" (F. Panzer, a. a. O., S. 86)

Das Motiv des Tierbräutigams (Frosch und
Bär verwandeln sich in einen schönen Bräu-
tigam) ist in allen europäischen Märchen zu
finden.

e) *Motiv der verzauberten Pflanzen*

„Selbst die Pflanzenwelt nimmt an solcher Erhö-
hung ins Übernatürliche teil, Apfelbäume tragen
wohl ihre Früchte wie sonst, aber es sind Äpfel aus
Silber oder Gold, Äpfel, die gesund machen oder
ewiges Leben, ewige Jugend verleihen … Hier
wachsen Bäume buchstäblich in den Himmel, oder
sie lassen, geschüttelt, kostbare Kleider herabfal-
len." (Panzer, ebd.)

f) *Motiv des Ortes*

H. von Beit, auf die schon verwiesen wurde,
hat in ihrem Standardwerk die Bedeutung
des „magischen Ortes" betont; als solcher
wird bezeichnet:

– der Himmel
– die Tiefe der Erde (oft Brunnen)
– der Wald
– das Meer
– der Mond
– die Berge u. a.

Diese Örtlichkeiten sind zugleich Symbole, z. B. ist der Brunnen (vgl. „Frau Holle", „Froschkönig", „Sieben Geißlein") ein weiblich-mütterliches Bild-Symbol, das an den Geburtsvorgang erinnert – wir denken an den weitverbreiteten Aberglauben, der erzählt, daß die kleinen Kinder aus dem Brunnen kommen. Das Wasser gilt in vielen Kulturen als mütterliches Element. Die Germanen glaubten, daß die Seelen vor der Geburt im Wasser weilten. Für die Griechen und Ägypter war das Wasser das Urelement, das Totenreich ist umgeben von Wasser (stygische Gewässer).

Der Brunnen als Eingang zum Totenreich, der Brunnen als „Geburtsschoß", diese beiden uralten mythischen Bilder finden wir wieder in den Volksmärchen. Die Goldmarie, von der bösen Stiefmutter zum Tode im Brunnen verurteilt, steigt hinab und trifft die mütterliche Frau Holle, die sie mit neuem Lebensglück (Gold) ausstattet. Der Froschkönig, als Prinz zur Tierexistenz im Brunnen verzaubert, entsteigt diesem und wird erlöst, sozusagen neu geboren. Der böse Wolf wird in den tiefen Brunnen, in den Tod, gestoßen – damit ist er aus dem Gesichtskreis der Lebenden entfernt, er ist am Ort des Todes.

Der Wald, als dunkles, geheimnisvolles Reich, in dem das Verderben lauert, aber auch Rettung wartet, ist wichtiges Motiv sehr vieler Grimmscher Märchen. Nehmen wir nur die bekanntesten: Hänsel und Gretel werden im Wald von den hartherzigen Eltern ausgesetzt, dem Tode des Verhungerns, dem Tode durch wilde Tiere preisgegeben.

Im Wald aber finden sie das Hexenhäuschen, besiegen die Hexe und gewinnen großen Reichtum. Auch Schneewittchen kann sich ins Häuschen der sieben Zwerge retten, findet Sicherheit und Schutz im Walde. Der Wald ist jedoch auch der Ort der schlimmsten Gefahren; wilde Tiere, böse Zwerge und Hexen lauern und verzaubern die Besucher des Waldes.

Wie H. von Beit in ihrem umfassenden Standardwerk herausarbeitete, liegt die Ähnlichkeit der Motive und Handlungselemente der Märchen aus den verschiedenen europäischen Ländern, aber auch aus ganz anderen Kulturen unserer Erde, in ihrem gemeinsamen Ursprung: der Psyche des Menschen. Der Traum, der Kultbegriff des Primitiven und die Vorstellungswelt des Kindes haben eine ähnliche, ja oft gleiche Bild- und Symbolsprache, die sich in den Märchenstoffen offenbart.

Diese Motive als wesentliche Formelemente des Märchens sollen nun von den Schülern selbst gefunden und gesammelt werden. Dem Identifikationsspiel mit Märchenfiguren (Rollenspiel), dem bildnerisch-gestalterischen Nachformen (Malen), dem freien Märchenerzählen aus dem Gedächtnis, der Ermittlung der Handlungsschemata folgt nun die Analyse der für das Märchen konstitutiven Formelemente.

Waren bisher Märchen aus dem Umkreis, d. h. die bekannten Grimmschen Märchen, Unterrichtsmaterial, so geben wir hier den etwas unbekannteren Grimmschen Märchen den Vorzug (aus unterrichtspraktischen Gründen schlagen wir Märchen vor, die in den verschiedenen Lesebüchern der Unterstufe zu finden sind, selbstverständlich können auch andere Märchenstoffe dazu verwendet werden):

1. *Jorinde und Joringel* (in: Klett A 5, S. 31; vgl. Goldmann – Tb. 412/413, S. 253)
2. *Die Gänsemagd* (in: Lesen, Darstellen, Begreifen A 5, S. 192; vgl. a. a. O., S. 300)
3. *Die weiße Schlange* (in: Lesen 5, S. 177; vgl. a. a. O., S. 76)
4. *Der Fischer und seine Frau* (in: Wort und Sinn 1, 1964, S. 117; vgl. a. a. O., S. 80)

Sie können durch folgende ausländische Märchen, die alle auch in Unterstufenlesebüchern verfügbar sind, ergänzt werden:

5. *Die schöne Wassilissa* (russisch, in: Lesen 5, S. 180)
6. *Der Feuervogel* (russisch, in: Begegnungen 1, S. 135; beide russischen Märchen auch in: Märchen aus dem alten Rußland, Fischer – Tb. 723)
7. *Das Zwerglein* (japanisch, in: Klett A 5, S. 45)
8. *Sonnenmutter* (Zigeunermärchen, in: Lesen, Darstellen, Begreifen A 5, S. 197)
9. *Der verwunschene Prinz* (altägyptisches Fragment, in: Begegnungen 5, S. 268 [nicht in den Stundenblättern analysiert])

Ziel der Analyse ist eine gemeinsam erarbeitete tabellarische Übersicht über typische Formelemente und Motive des Märchens. Die Tabelle kann von den Schülern im Klassengespräch oder in Gruppenarbeit erstellt werden.
Von folgenden Fragen sollte man bei der Analyse ausgehen:
1. Welche *Zahlen* kommen am häufigsten vor? In welchem Zusammenhang?
2. Welche *Farben* werden verwandt? Was fällt dir auf? Wie begründest du die Auswahl?
3. Welche *Metalle* werden bevorzugt? Nenne die Gegenstände, die aus diesen Metallen verfertigt sind!
4. Über welche *Zaubermittel* verfügt der Held? Wie und wann gewinnt er sie?
5. Von welchen *verzauberten Pflanzen* wird erzählt?
6. Von welchen *verzauberten Tieren* wird erzählt?
7. An welchen *Orten* spielt die Handlung?
8. Zu welcher *Zeit*?
9. Welche *Reime, Refrains, Formeln, Sprüche* wiederholen sich in den einzelnen Märchen? Sammle sie!

Stundenblatt Nr. 4,1

Phase 1 beginnt mit einem der reizvollsten Grimmschen Märchen, „Jorinde und Joringel", das den Schülern erfahrungsgemäß kaum bekannt ist.

Nach gemeinsamem Lesen sollen die Schüler in *Phase 2* die wichtigsten Elemente analysieren.
Bei unselbständigen, in der Gruppenarbeit noch wenig geübten Klassen empfiehlt sich eine genaue schriftliche Arbeitsanweisung: Wir diktieren die Leitfragen, nach denen die einzelnen Gruppen arbeiten können (vgl. linke Spalte): Bei guten Klassen entwickeln wir die Leitfragen gemeinsam mit den Schülern.
Die Gruppenergebnisse werden gesammelt und als Tafelschaubild festgehalten. Dieser Tafelanschrieb I bezieht sich zunächst nur auf „Jorinde und Joringel"; in den einzelnen Kästchen, die sich alle auf den Helden beziehen (s. Tafelbild!), sollte noch genügend Platz für weitere Einträge gelassen werden. In diesem Zusammenhang braucht das Märchen nicht vollständig besprochen zu werden, Hauptakzent liegt auf dem Finden der strukturbildenden Motive und Elemente.

Phase 3: Ergänzend zu dem Tafelschaubild legen wir eine umfassende systematische Tabelle an, in der alle Einzelmotive festgehalten werden und die später noch ergänzt werden kann. Wir entwickeln im Klassengespräch aus dem Tafelschaubild I den Tafelanschrieb II. Dieser Tafelanschrieb II wird sodann in Stundenblatt Nr. 4,2 und Nr. 4,3 anhand anderer Märchen ergänzt und weitergeführt, um ihn den Schülern am Ende der Unterrichtseinheit der Stundenblätter Nr. 1–Nr. 4 als Arbeitsmaterial (selbst erarbeitete Listen und Tabellen) zur eigenen Produktion von Märchen zur Verfügung zu stellen.

Stundenblatt Nr. 4,2

Stundenblatt Nr. 4,2 verifiziert anhand dreier Grimmscher Märchen

– *Die Gänsemagd* (Goldmann – Tb. 412/ 413, S. 300)
– *Von dem Fischer und syner Fru* (a. a. O., S. 80)
– *Die weiße Schlange* (a. a. O., S. 76)

die gefundenen Ergebnisse und führt die Tafelbilder 4,1 I und II weiter aus und ergänzt sie.

Dies kann noch einmal anhand der Leitfragen in Gruppenarbeit geschehen. Zu empfehlen ist jedoch ein Methodenwechsel: Wir hören „Die Gänsemagd" als Märchenhörspiel auf einer Schallplatte (z. B. Zebra Kinderserie 91 006). Die Ergänzung der Tafelbilder entwickeln wir im Klassengespräch und tragen die Elemente und Motive des neuen Märchens ein.

Als Hausaufgabe untersuchen die Schüler nun die zwei weiteren genannten Märchen. Die bekannten Leitfragen werden für diese Märchen schriftlich beantwortet, neue Motive und Elemente werden in beide Tafelbilder eingetragen. Als Ergebnis der drei Stunden hat nun jeder Schüler zwei vollständige Schemata zur Verfügung, aus denen er die Vielzahl der Strukturelemente der Märchen ablesen kann.

Stundenblatt Nr. 4,3

Nach der ausführlichen Behandlung Grimmscher Märchen schließt sich organisch die Frage nach der Struktur der ausländischen Märchen an. Zahlreiche Buchausgaben haben die Märchen aller Völker bekanntgemacht, auch Schüler reizt die Andersartigkeit und Fremdheit der Märcheninhalte. Dennoch sind gleiche Handlungsschemata, Figuren, Bauelemente und Motive zu finden, was auf eine Gemeinsamkeit aller Märchen aus verschiedenen Kulturbereichen schließen läßt.

Wir stellen hier drei Märchen zur Auswahl:
– *Die schöne Wassilissa*
– *Der Feuervogel*
– *Das Zwerglein*

Zwei Gesichtspunkte waren für die Wahl dieser Märchen ausschlaggebend:

a) Sie eignen sich in ihrer Erzähldichte besonders gut zur Analyse der strukturbildenden Motive und Elemente.
b) Alle drei sind in Unterstufenlesebüchern zu finden (genaue Angaben s. S. 36)

Selbstverständlich sind auch andere fremdländische Märchen hier einzusetzen (s. S. 36). Wir wählen *ein* Märchen aus, die Behandlung ist fakultativ.

Nach *Phase 1* (Lesen bzw. Vorlesen des Märchens) versuchen die Schüler, die Elemente und Motive der Grimmschen Märchen nun in den fremden Märchen zu finden *(Phase 2)*. Die Ergebnisse werden in die bereits erarbeiteten Tafelbilder (Stundenblatt Nr. 4,1/2) eingetragen. Der Transfer vom Unbekannten zum Bekannten fällt dem Unterstufenschüler leicht, da die Elemente (s. Kästchen!) bereits fest strukturiert sind. Die Ausführung der Tabelle (Tafelanschrieb, Stundenblatt Nr. 4,3 [R]) ist insofern für die Schüler wichtig, als sie ihnen die Strukturgleichheit optisch demonstriert. Als Auswertung der Systematik *(Phase 3)* lassen wir die Schüler die einzelnen Spalten, z. B. „Zahl", „magischer Ort", „Metalle" etc., laut vorlesen. Auch die schwächeren Schüler können nun die Gleichheit der Motive erkennen.

Als Abschluß und Überblick gleichermaßen formulieren wir im Klassengespräch einen Hefteintrag, der feststellt, daß alle Märchen einen begrenzten, gleichbleibenden *Figurenkatalog* (Stundenblatt Nr. 1/2), ein ähnliches, fast gleichbleibendes *Handlungsschema* haben (Stundenblatt Nr. 3) und aus gleichbleibenden *Motiven und Elementen* (Stundenblatt Nr. 4) zusammengesetzt sind.

Das Ziel der Stundenblätter Nr. 1–4 (des vorgesehenen Minimalprogramms) ist damit erreicht. Die Schüler haben sich anhand von Tafelanschrieben, Schaubildern und Tabellen genügend Arbeitsmaterial geschaffen, so daß sie nun vom Analysieren zum Produzieren, zum kreativen Gestalten geführt werden können. Die folgenden Stundenblätter Nr. 5–12 bieten eine breitgefächerte Auswahl an Themen, die einerseits die Schüler, aufgrund ihrer soliden, erarbeiteten Kenntnisse über die Struktur des Märchens, zum Herstellen eigener Texte – etwa von Märchen, Antimärchen, Märchen-Werbetexten, Märchen-Comics, Märchenpuppenspielen – anregen und sie andererseits anleiten, über Probleme des Märchens nachzudenken (z.B.: „Das Märchen und sein Realitätsbezug"; „Das Märchen und die Werbung" etc.). Möglichkeiten zur Kombination der Stundenblätter können dem Kapitel „Übersicht über die Unterrichtseinheit" entnommen werden.

Unterrichtsziele

1. Die Schüler lernen, mehrere verschiedenartige Märchentexte auf gleichbleibende Elemente hin zu untersuchen.

2. Listen und Tabellen, Schaubilder und Schemata veranschaulichen dem Unterstufenschüler, daß Märchen aus einer begrenzten Anzahl von Motiven zusammengesetzt sind.

3. Durch das Erkennen der Bauelemente macht sich der Schüler diese Bauelemente verfügbar.

4. Im Rückblick und Überblick erkennen die Schüler, daß den Märchen gleiche Strukturelemente zugrunde liegen, die wir in drei Phasen untersucht haben:
   – gleichbleibender Figurenkatalog
   – gleichbleibendes Handlungsschema
   – gleichbleibende Elemente und Motive

5. Durch die Kenntnis der Strukturelemente wird der Schüler in die Lage versetzt, selbst Märchen zu gestalten: Er kann aus dem erarbeiteten Material auswählen, es frei kombinieren, Eigenes hinzufügen.

Stundenblatt Nr. 5
Wir erfinden selbst Märchen
Herstellung eines Klassenmärchenbuches

Stunde 11–12

Vorüberlegungen

Nachdem der Schüler Märchenfiguren, Handlungsstruktur und Märchenelemente spielerisch, gestalterisch und analytisch erfaßt und verstanden hat, können ihm kreative Aufgaben abverlangt werden. Der Schüler hat für sich selbst und im Klassenverband Kriterien und Richtlinien erarbeitet, was ein Märchen ist und wie es sich aufbaut. So sind die Schüler auch in der Lage, die Produkte anderer zu überprüfen, gute Leistungen für das gemeinsame Märchenbuch auszuwählen und Unrichtiges zu verbessern.

Das Schreiben von eigenen Märchen führt den Schüler also vom Analytischen zum Kreativen, vom Erarbeiten und Verstehen zum Verarbeiten und Darstellen. Auf diese Form der Eigenproduktion wurde bewußt hingearbeitet: Sie stellt eine sinnvolle Synthese dar zwischen freiem Fabulieren (etwa der Arbeitsaufforderung: „Jetzt schreiben wir ein Märchen!", *ohne* daß vorher die Strukturen in ähnlicher Weise untersucht worden wären) und gar zu gegängeltem Verfertigen von „Parallelgeschichten". Der Schüler soll erarbeitete Strukturen verwenden und neue Inhalte entwickeln lernen.

Das Klassenbuch zu bebildern kann eine Anregung sein, mit dem Kunsterzieher zusammenzuarbeiten und eine fächerübergreifende

Unterrichtseinheit zu realisieren. Diese Zusammenarbeit wird noch erweitert, indem der (die) Technik- oder Werklehrer(in) für die mögliche Aufführung der selbstgeschriebenen Märchen Handpuppen, Kulissen etc. verfertigen läßt (vgl. Stundenblatt Nr. 11 und 12).

Dieser ganzheitliche Unterrichtsaspekt kommt dem Schüler der Klassen 5/6 sehr entgegen. Erfahrungsgemäß wirkt dieser fächerübergreifende Unterricht sehr motivierend, ist doch der Schüler noch sehr an die ganzheitlichen Arbeitsmethoden der Grundschule gewöhnt. Das Bearbeiten eines Themas in verschiedenen Fächern macht den Schülern große Freude, denn eine Arbeitsweise ergänzt die andere, und am Schluß entsteht eine Einheit, die sie gemeinsam geschaffen haben.

Stundenverlauf

In *Phase 1* erstellen wir einen Plan, wie wir unser Vorhaben ausführen wollen. Im Klassengespräch wird ein mögliches *Vorgehen* entwickelt, wobei darauf zu achten ist, daß die Schüler möglichst viele eigene Ideen zur Herstellung dieses Klassenmärchenbuches beisteuern. Stundenblatt Nr. 5 zeigt einen methodischen Weg auf.

In *Phase 2* erarbeiten wir eine Schreibhilfe mit den Schülern. Wir diktieren die auf dem Stundenblatt aufgelisteten Leitfragen, die den Schülern als Orientierungshilfen beim Erfinden und Schreiben der Texte dienen sollen. Im Anschluß daran werden die Schüler aufgefordert, sich die Tafelanschriebe zu den Märchenfiguren (Stundenblatt Nr. 1), dem Handlungsschema (Stundenblatt Nr. 3) und den Elementen und Motiven (Stundenblatt Nr. 4) noch einmal gründlich zu vergegenwärtigen. Diese Tafelbilder sollen ihnen – genau wie die Fragen – als Leitlinie und auch als Korrektur ihrer oft sehr weitschweifigen

Phantasie dienen. Nun wählen alle Schüler nach Wunsch Figuren, Motive, Elemente und einen Handlungsverlauf, der dem gefundenen Schema entspricht.

In dieser Phase erstellen die Schüler also eine gelenkte Stoffsammlung der Elemente, Figuren und Handlungsteile, die sie später in ihrer Geschichte verwenden wollen. Das Schreiben der Märchen *(Phase 3)* geschieht als Hausaufgabe; die Schüler erhalten 1–2 Wochen Zeit, um ihren Text zu Hause in Ruhe erstellen zu können. In der Schulstunde hat der Schüler nicht die notwendige Zeit und Ruhe, die vielen gesammelten (und in der Schule überprüften!) Gesichtspunkte zu überdenken. Erfahrungsgemäß eignen sich gerade solche gut vorbereiteten schriftlichen Aufgaben zur häuslichen Ausführung, und die Schüler erzielen so weit bessere Ergebnisse.

In *Phase 4* werden die Schülermärchen korrigiert und ergänzt. Die Schüler tragen ihre Ergebnisse vor, anhand der erarbeiteten „Regeln" üben die Mitschüler Kritik. Im Klassengespräch werden mögliche Änderungen entwickelt, und die besten ausgewählten Märchen werden noch einmal in „Reinschrift" (zu beachten ist einheitliches Papier mit gleicher Randbreite!) abgeschrieben. Die Überprüfungsphase muß sorgfältig durchgeführt werden, da wir die Märchen ja vervielfältigen wollen. Die Schüler sollten selbst die Fehler in Inhalt und Struktur erkennen lernen und Verbesserungen vorschlagen. Die Endkorrektur übernimmt dann der Lehrer.

Phase 5 dient der Fertigstellung des Märchenbuches. Durch die rechtzeitige Kooperation mit dem Kunsterzieher können fachgerechte Illustrationen zu den einzelnen Märchen erzielt werden. Entweder bebildern alle Schüler ein ausgewähltes, besonders gut gelungenes Märchen, oder jeder illustriert sein eigenes. Entfällt die Zusammenarbeit mit dem Kunstlehrer, so kann jeder Schüler sein eigenes Märchen als Hausarbeit bebildern. Unterstufenschüler sind zur Ausführung solcher Arbeiten noch stark motiviert. Außerdem gestaltet jeder Schüler individuell das Deckblatt für sein Märchenbuch.

Das Fotokopieren der ausgewählten Märchen stellt ein organisatorisches Problem dar, das sich, falls kein schuleigener Apparat vorhanden ist, oft durch die Mithilfe der Eltern lösen läßt. Eventuell kann auch auf die Herstellung mehrerer Märchenbücher, d. h. einer Ausgabe des Märchenbuches für jeden Schüler, verzichtet und nur *ein* Märchenbuch erstellt werden, das die Originale der Schülermärchen zusammenfaßt und bei Elternabenden etc. ausgelegt wird. Die Aussicht, ein selbstgefertigtes Märchenbuch für alle zu vervielfältigen, stellt erfahrungsgemäß jedoch einen solchen Anreiz dar, daß alle Schüler bei der Abwicklung der organisatorischen Seite (Abziehen, Zusammenheften etc.) gern behilflich sind.

Die Schülerarbeiten (auf S. 40–44) zeigen, welche Ergebnisse zu erwarten sind. Gegebenenfalls können sie als Beispiel den Schülern vorgetragen werden. (Die Arbeiten sind unverändert in Satzbau und Wortwahl.)

I. Der goldene Apfel (Oliver Wenzel, 5. Klasse)

Es war einmal, vor vielen, vielen hundert Jahren, da lebte ein König mit zwölf Töchtern. Eine davon war sehr häßlich. Jeden Tag waren viele Bewerber da und baten um die Hand der elf hübschen Töchter. Eines Tages kamen ein hübscher Bauernbursch, ein reicher Kaufmann und ein Ritter, die um die Hand der häßlichen Prinzessin anhielten. Der König machte ein verdutztes Gesicht und sagte: „Wenn drei Männer meine Tochter heiraten wollen, dann bin ich dazu gezwungen, die Aufgabe allen zu stellen, wer sie zuerst löst, bekommt meine häßliche Tochter. Also hört genau zu: Auf dem Drachenberg ist ein schöner Garten, in dem steht ein Apfelbaum mit goldenen Früchten und silbernen Zweigen. Ihr sollt mir nun solch einen Apfel holen. Derjenige, der mir als erster eine Frucht bringt, bekommt meine häßliche Tochter zur Frau. Ich warne euch aber vor einem fünfköpfigen Drachen, der in dem Garten lebt."

Dann gingen alle drei los. Der Bauernbursch ist am Fuße des Berges angekommen, er wollte aber den Abend abwarten, um mit dem Ungeheuer zu kämpfen. Er legte sich unter einen schattigen Baum, um zu schlafen. Als er beim Einschlafen war, sprach eine Stimme zu ihm: „Nimm diesen Degen und berühre damit das Untier und sprich: ,Degen bringe Regen!' Dann wird es vom Erdboden verschwinden."

Als der Bauernbursch erwachte, dachte dieser, es sei ein Traum gewesen, aber als er den Degen sah, wußte er, es war doch Wirklichkeit. Oben angelangt, zeigte das Ungeheuer die Köpfe. Der Bauernbursch sah seine zwei Rivalen tot am Boden liegen. Er schluckte und versuchte sich Mut zuzusprechen. Da kam das Riesentier schon auf ihn zu, er hielt den Degen hoch in die Luft und rief: „Degen bringe Regen!"

Der Drache verschwand mit einem Donnern im Erdboden. Dann ging er zu dem Apfelbaum mit den silbernen Zweigen und goldenen Äpfeln und holte einen goldenen Apfel. Danach lief er zum Schloß und überreichte dem König den Apfel. Die Prinzessin aß den Apfel und siehe da, aus der häßlichen Prinzessin war eine Schönheit geworden! Gleich am nächsten Morgen wurde die Hochzeit gefeiert. Als der König starb, wurde der Bauernbursch sein Nachfolger, und beide lebten glücklich bis an ihr Ende.

II. Die verzauberte Prinzessin (Steffen Schwarz, 5. Klasse)

Es war einmal eine böse Hexe. Sie hauste in einem großen Spiegelpalast im tiefsten und stockfinstersten Walde. Tagsüber verhexte sie alle Menschen, die sie erblickte, in sprechende Hasen, die sie als Diener schuften ließ. Eines Tages verirrte sich die Prinzessin im Walde. Schwupps, wurde sie von der Hexe verzaubert und zu den 13 000 Hasen gesperrt. Am nächsten Tag erfuhr der Prinz von dem Unglück. Sofort rannte er zu dem Wald. Doch es war sinnlos. Wenn er sich auch verirrte, würde er verhext werden. Viele Nächte lang konnte er kaum schlafen. Eines Tages, als er wieder vor dem Walde stand und überlegte, erblickte er einen Frosch. Plötzlich sprach dieser zu ihm: „Am Ende der Welt wirst du einen Zauberer finden, der dir das geben wird, was du brauchst." Der Prinz sprang nach Hause und ließ sich ein Pferd geben. Dann ritt er los. Durch einen Zufall fand er den Zauberer am 13. Tag. Der Zauberer gab dem Königssohn ein kleines Fläschchen, das er vor dem tiefen, tiefen Wald ausschütten müsse. So geschah es. Dem Prinzen wurde der Weg zum Spiegelpalast der Hexe golden beleuchtet! Nach kurzem Suchen fand er die Hexe. Als sie ihn sah, versuchte sie ihn zu verzaubern. Doch das Fläschchen machte den Prinzen unbesiegbar. Vor Wut lief die Hexe weit weg und wurde nie wieder gesehen. Der Prinz entzauberte alle Hasen und feierte mit der Prinzessin eine wunderschöne Hochzeit. Und sie lebten glücklich bis an ihr Lebensende.

III. Der Zwerg Rumpeldipumpel (Barbara Hertner, 5. Klasse)

Vor vielen Jahren lebte einmal ein verzauberter Zwerg. Er bewohnte ein kleines Gartenhäuschen, das einer Familie mit drei Kindern gehörte. Der Zwerg schaute den Kindern oft zu, wenn sie im Garten spielten. Dabei mußte er schrecklich aufpassen, daß er nicht entdeckt wurde. Eines Tages war der Zwerg unaufmerksam und wurde von dem jüngsten Kind entdeckt. Vor Schreck erstarrte der Zwerg und stand da wie aus Stein. Ute dachte: „Wie kommt denn der niedliche Zwerg hierher? Den nehm ich gleich mit." Daheim gab sie ihm den Namen Rumpeldipumpel. Sie legte ihn behutsam in ein altes Puppenwieglein und deckte ihn fein zu. Jeden Abend sang sie ihm ein Liedchen vor: „Rumpeldipumel, schlaf nun ein, morgen spielen wir wieder fein." Danach gab sie ihm noch einen Kuß. Beim 13. Gutenachtkuß gab es einen lauten Knall, und plötzlich stand ein wunderschöner Prinz vor dem Mädchen. Er sprach: „Vor vielen, vielen Jahren hatte mich eine böse Hexe verzaubert, aber jetzt hast du mich erlöst! Nun muß ich aber ins Land meines Vaters zurückkehren. Zum Dank, daß du mich erlöst hast, werde ich dich jedes Jahr besuchen und dir viel Gold und Edelsteine mitbringen." Und so geschah es auch. Der Prinz besuchte Ute jedes Jahr. Beim zwölften Besuch nahm er sie mit, und sie feierten eine schöne Hochzeit. Dann lebten sie vergnügt bis an ihr Lebensende.

IV. Der Dummling (Simone Glüer, 5. Klasse)

Es war einmal ein König, der hatte drei Söhne. Der älteste und der zweitälteste waren schlau und weise. Aber den jüngsten hielt man für dumm, niemand beachtete ihn. Deshalb nannte ihn jedermann Dummling. Immer, wenn er etwas vom Vater haben wollte, fragte er: „Was willst du damit anfangen, du verlierst es doch." So war der Dummling nie gern gesehen, und wenn er bei seinen Brüdern vorbeikam, lachten diese und riefen aus: „Ei, sieh an, der Dummling, was für dumme Gedanken der wohl im Kopf hat?" Der Dummling, der das Gespött nicht hören konnte, ging schnell weiter.

Eines Tages kam ein Bote mit der Botschaft, daß der schreckliche Zauberer Verindur die allerschönste Prinzessin der Welt gefangen hätte. Der König, ihr Vater, hätte das Gebot erlassen, daß der Prinz oder Ritter, der sie erlöse, die Hand seiner Tochter und das halbe Königreich bekäme.

Als die drei Brüder das hörten, wollten sie alle gleichzeitig die Prinzessin erlösen. Ihr Vater, der König, entschied, daß der älteste der Brüder gehen solle, weil er schlauer als alle anderen Brüder sei. Als der älteste sich von seinen Eltern und Geschwistern verabschiedet hatte, ritt er auf seinem Lieblingspferd fort.

Es verstrich ein Monat nach dem anderen, und die Eltern hörten nichts von ihrem Sohn, und als schließlich ein ganzes Jahr verstrichen war, schickte der Vater den zweiten Sohn zum Zauberer. Bei ihm war es nicht anders, der kam auch nicht zurück.

Nun dachte der Dummling, er käme an die Reihe. Da hatte er sich gewaltig getäuscht. Als er den Vater fragte: „Darf ich die Prinzessin erlösen und in die weite Welt ziehen?" lachte der Vater und rief: „Du? Du blamierst unsere ganze Familie vor der Welt mit deiner Dummheit." Der Dummling bat solange, bis der Vater „ja" sagte und ihm ein Pferd gab. Zwar war das Pferd das langsamste von allen, aber es konnte sprechen und lief auch schnell, wenn einer sagte:

„Pferdchen, lauf geschwind, wie der Wind!"

Dann lief es so schnell wie der Wind. Außer dem Dummling wußte das keiner. Nachdem er seinen Eltern „auf Wiedersehen" gesagt hatte, ritt er weg, dabei sagte er:

„Pferdchen, lauf geschwind, wie der Wind!"

Da ritt das Pferd so schnell wie der Wind davon. Der Königssohn ritt zwei Tage und eine Nacht durch Wiesen, Wald und Felder und kam schließlich beim Zauberschloß an. Er stellte sich kühn vor den Zauberer und fragte gespannt: „Wie kann ich die Prinzessin erlösen?" „Du mußt drei Aufträge erfüllen", war die Antwort. „Der erste lautet: Bringe mir sieben Haare von der Königstochter. Wenn du sie nicht in drei Tagen herbeigeschafft hast, geht es dir schlecht", erwiderte der Zauberer und lachte so häßlich, daß der Dummling so schnell wie möglich den Saal verließ, ihm war ganz schrecklich zumute. Wie sollte er bloß in drei Tagen die Prinzessin finden und die sieben Haare holen? Traurig ging er zu seinem Pferd zurück. Als das Pferd ihn so bedrückt kommen sah, fragte es mitleidig: „Was stimmt dich so traurig, schöner Königssohn?" „Ach, du kannst mir nicht helfen, aber ich werde es dir verraten. Der Zauberer verlangt sieben Haare von der Königstochter. Nun weiß ich nicht einmal, wo ich sie suchen soll." „Meinst du, daß ich nicht wüßte, wo die Königstochter ist? Ich weiß, wo der Hexenmeister die arme Königstochter verborgen hält!" sprach das Pferd geheimnisvoll. „Höre zu! Wenn du meinen rechten Vorderhuf ankratzst, findest du eine kleine, goldene Kugel. Nimm diese und wirf sie vor die Türe des Schlosses, dann wird sich ein Gang öffnen. Hebe sodann die goldene Kugel wieder auf. Dann gehe die zwölf Stufen hinunter, da wirst du Säcke voll Gold, Silber, Perlen und Edelsteinen finden, hüte dich, sie anzufassen! Gehe weiter, dann findest du eine kostbare Vase, in ihr ist ein Ei. Nimmst du die goldene Kugel und wirfst sie aufs Ei, so springt eine häßliche Frau heraus. Wirf ihr die Kugel in den Schoß, so verwandelt sie sich in eine Prinzessin, die Prinzessin Morgane! Bitte sie um die sieben Haare, sie wird sie dir geben!"

Der Dummling kratzte den Huf aus und fand alles so, wie das Pferd es gesagt hatte. Als er die schöne Prinzessin Morgane erblickte, war er von ihrer Schönheit so benommen, daß er beinahe vergessen hätte, sie um die Haare zu bitten. Sie gab sie ihm und sagte flehend: „Erlöse mich bitte, ich bin hier so unglücklich." Dann ging der Dummling zum Pferd und gab ihm die Kugel.

Als er dem gräßlichen Zauberer die sieben Haare der Prinzessin brachte, traten diesem die Augen vor Entsetzen aus dem Kopf. Erwartungsvoll fragte der Prinz nach der zweiten Aufgabe. „Der zweite Auftrag heißt: Hole den silbernen Stern!" krächzte der Zauberer, denn seine Stimme war ganz heiser vor Erregung. Der Königssohn dachte traurig: da kann mir das Pferd wohl nicht helfen, und ging zu ihm. Auch diesmal fragte das Pferd: „Was hat der Zauberer dir für eine Aufgabe gestellt?" „Ach, diesmal soll ich den silbernen Stern holen", erwiderte der Dummling traurig.

„Setze dich auf meinen Rücken, ich will dir helfen", sprach das Pferd ruhig. Der Prinz stieg auf und sagte: „Pferdchen, lauf geschwind, wie der Wind!"

Schon lief es davon. Doch plötzlich fing es an zu steigen und zu fliegen, bis es auf den Mond kam. Da blieb es vor dem silbernen Stern stehen. Der Königssohn war glücklich, stieg ab, nahm den Stern, der so groß war wie seine Hand, stieg wieder auf sein Pferd, sagte seinen Spruch und flog wieder auf die Erde zurück.

Der Dummling kehrte zum Zauberer zurück und fragte: „Wie heißt die dritte Aufgabe? Hier ist der silberne Stern!" Dem Zauberer wurde angst vor dem Prinzen, der alle Aufgaben lösen konnte.

„Den letzten Auftrag wirst du bestimmt nicht lösen können. Du sollst nämlich die Ritter und Prinzen herbeiführen, die vergeblich vor dir versucht haben, die Prinzessin Morgane zu erlösen. Wenn du sie morgen bis zum Sonnenuntergang alle neun zu mir in diese Halle geführt hast, bekommst du die Prinzessin zur Frau. Gelingt es dir nicht, so zaubere ich dich zu den anderen neun. Aber eins laß dir sagen, der Drache Fukado wird schon gut auf dich aufpassen!!!" lachte der Zauberer Verindur höhnisch. Der Prinz erschrak bei den Worten und erreichte mutlos sein Pferd.

„Was bedrückt dich, schöner Königssohn?" fragte das Pferd teilnahmsvoll. „Ich soll die neun Ritter, die der Zauberer verbannt hat, finden. Sie werden aber vom schrecklichen Drachen Fukado bewacht!" „Sei nicht mutlos, ich kann dich zum Drachen bringen. Aber mit Fukado kämpfen mußt du selbst. Nimm die goldene Kugel mit, auch hier wird sie dir helfen."

Der Königssohn bestieg sein Pferd und sagte: „Pferdchen, lauf geschwind, wie der Wind!" Gerade ging die Sonne auf. Das Pferd jagte mit dem Dummling durch Felder, Wälder und Flüsse, bis er zum Gebirge kam, wo der Drache hauste. Dort blieb es stehen und versteckte sich in der Nähe der Höhle. Der Dummling schlich sich mit der Kugel an die Drachenhöhle heran. Der Drache hatte das Hufegeklapper gehört, spähte zu seiner Felsspalte heraus, sah das Pferd und den Prinzen und wollte Feuer spucken. Der Königssohn warf die Kugel gegen den dicken Panzer des Drachen, diese prallte zurück, und er konnte sie wieder fangen. Nun konnte der Drache kein Feuer mehr spucken. Aber er kroch dem Jüngling nach. Dieser rannte davon. Da sah er eine Felsspalte, sprang über diese hinweg und blieb stehen, um zu sehen, ob der Drache vielleicht hineinfiele. Und richtig! Der Drache rutschte hinein. Ehe er den Versuch machen konnte, wieder herauszukriechen, sprang der Prinz herbei und erstach den Drachen!

Der Königssohn ging in die Höhle und fand dort die Prinzen. Er sagte ihnen, daß er sie erlösen und mit ihnen zum Zauberer gehen wolle. Doch wie sollte er neun Prinzen auf einem Pferd transportieren? Das Pferd wußte wieder Rat: „Berühre alle Prinzen mit der goldenen Kugel, so werden sie in Ameisen verwandelt, und du kannst sie alle in deiner Hand halten."

So geschah es! Er erkannte auch seine Brüder, die nun nicht mehr so hochmütig waren wie früher. Er setzte die Ameisen auf seine Hand und sagte die Zauberformel. Schon sprang das Pferdchen durch Wiesen, Felder und Flüsse, bis es am Schloß des Zauberers ankam. Schon von weitem leuchteten dem Königssohn die Zinnen des Zauberschlosses entgegen, die im letzten Sonnenstrahl aufblitzten und sich von dem dunklen Wald abhoben. Der Dummling entzauberte die Jünglinge und führte sie in die Halle des Zauberers. Verindur traten die Augen aus dem Kopfe. „Wie hat du das geschafft, den Drachen zu besiegen? Jetzt muß ich dir die Prinzessin geben!" schnaubte er wütend. Dann rief er laut: „Erscheine, erscheine, Morgane, du Feine!" Und die schönste Prinzessin stand vor dem Prinzen. Als er ihre Schönheit sah, schloß er sie in seine Arme und gab ihr einen Kuß. Schnell setzte er sie auf sein Pferd und ritt nach Hause. Dort feierten sie Hochzeit in aller Pracht. Nach dem Tode von Morganes Vater erbte er dessen Reich und regierte mit Morgane in Frieden und Freuden bis an ihr Lebensende.

Stundenblatt Nr. 6
Das Märchen und die Werbung

Nr. 6,1: Stunde 13–14
Nr. 6,2: Stunde 15–16
Nr. 6,3: Stunde 17–18

Vorüberlegungen

Dieses Stundenblatt soll die Berührungspunkte der Werbung mit dem Märchen untersuchen und kindgemäß darlegen. Motive und Begriffe aus den Märchen finden sich häufig in Werbeanzeigen. Was hat die heile, paradiesische Welt der Werbung mit der heilen Welt des Märchens zu tun?
Exemplarisch entwickeln wir anhand einer Werbeanzeige, die wesentliche Inhalte und Motive des „Sterntaler"-Märchens zugrunde legt, die Manipulierbarkeit der Sprache und der Inhalte. Ausgehend von dem bekannten „Sterntaler"-Märchenstoff veranschaulichen wir den Schülern den Prozeß der Verdrehung, Verflachung und Veränderung vom Märchentext hin zum Werbetext. Durch Herstellung einer eigenen *Werbecollage* vollziehen die Schüler den Prozeß der Zerstörung der Märchenstrukturen von sich aus nach. Falls in der Klasse zu diesem Zeitpunkt

noch keine Unterrichtseinheit über Werbung durchgeführt wurde, bietet das Stundenblatt Nr. 6,1 ein Kurzprogramm zur Hinleitung auf das Thema Werbung: anhand eines Verkaufsspiels, der Erarbeitung von gängigen Werbeslogans und deren Verfremdung (siehe Arbeitsblatt) findet der Schüler Zugang zu dem neuen Stoff.

Stundenblatt Nr. 6,1

„Das Märchen und die Werbung" kann im Zusammenhang mit den Stundenblättern Nr. 7,1–3 behandelt werden.
Phase 1 bietet dem Unterstufenschüler einen guten Einstieg in das Thema Werbung. Durch das *Verkaufsspiel* werden spielerisch die Inhalte und Strategien der Werbung verbalisiert. Zu Beginn der Stunde baut der Lehrer die von den Schülern mitgebrachten Werbeartikel (z. B. Waschmittelkarton, Kosmetika…) gut sichtbar auf dem Pult auf und beginnt die Stunde mit der Frage: „Wer möchte Verkäufer sein?"
Mehrere Rollenspiele werden nötig sein, die jeweils von den Schülern kritisiert werden, bis die typischen Verkaufsstrategien der Werbung (Aufmerksamkeit erregen – Inter-

esse wecken – Kaufwunsch stärken – Verkaufen) an der Tafel festgehalten sind.

Bringen die Rollenspiele der Schüler zunächst keine guten Ergebnisse, so bietet sich ein Provokations-Rollenspiel des Lehrers an (nicht werben – informieren, nicht übertreiben – beschreiben etc.), das die Schüler durch die Frage: „Wer kann es besser?" herausfordert.

Phase 2: Wurde zuvor in der Klasse noch keine Unterrichtseinheit über Werbung durchgeführt, so sollten nun anhand des Arbeitsblattes (auf Stundenblatt Nr. 6,1 [R]) in einem Minimalprogramm einige wesentliche Informationen zur Werbung erarbeitet werden. Gedacht ist hier vor allem an den Gegensatz zwischen Werbesprüchen und Wirklichkeit. Werbesprüche sammeln macht erfahrungsgemäß allen Schülern großen Spaß. Durch den Methodenwechsel – vom Spielen zur Stillarbeit bzw. zur Partnerarbeit – wird eine konzentrierte Arbeitshaltung erzielt. Die Antithetik „Paradies der Werbung" und „Unsere Wirklichkeit" (siehe Stundenblatt Nr. 6,1) soll die Schüler auf altersgemäße Art durch Nachvollzug des Verfremdungseffekts erkennen lassen, daß die Werbung durch Vorspiegelung einer heilen, paradiesischen Welt, die alle emotionalen Bedürfnisse (wie Liebe, Erfolg, Glück, Freiheit, Zufriedenheit etc.) zu befriedigen verspricht, nur beim Käufer den Konsumwillen und Kaufwillen anregen soll und uns, die Käufer, zu manipulieren sucht. Wir leiten die Schüler an, die Antithesen zu bilden, Kritik zu üben, die Wirklichkeit zu beschreiben. Die verfremdeten Thesen werden gelesen und diskutiert, gemeinsam wird das Arbeitsblatt ergänzt. Jeder Schüler sollte mindestens 10 Werbesprüche mit Verfremdungen auf seinem Blatt verfügbar haben. (Die Ergebnisse werden bei Stundenblatt Nr. 6,3 [R] noch einmal aufgegriffen und benötigt.)

Stundenblatt Nr. 6,2

Nach dieser Einführung in die Werbesprache kann in *Phase 1* der vorliegende Werbetext (vgl. Arbeitsblatt S. 47) genauer untersucht und aufgrund der vorausgegangenen Doppelstunde jetzt inhaltlich und sprachlich mit dem Sterntaler-Märchen verglichen werden. Zuerst sollen die Schüler den Text lesen, sodann fördern wir das spontane, auch unsystematische Sich-Äußern über den vorliegenden Werbetext und sammeln die verschiedenen Aspekte, ohne jetzt schon ausführlich auf sie einzugehen. Sobald das Stichwort „Sterntaler-Märchen" vom Schüler kommt, lassen wir einen Schüler das Märchen aus dem Gedächtnis erzählen. Dadurch wird allen Schülern bewußt, daß die Werbung hier auf Bekanntes aufbaut, diesen bekannten Erzählstoff aber umfunktioniert.

Phase 2: Danach wird eine genaue Lektüre des Märchentextes notwendig. Wir stellen allen Schülern ein Arbeitsblatt mit dem Text zur Verfügung. (Das Märchen findet sich, ebenso wie die Werbeanzeige in: Lesen, Darstellen, Begreifen, A 5, S. 211. Märchen auch in: Goldmann – Tb. 412/413.)

Phase 3: Wir suchen mit den Schülern die gemeinsamen Schlüsselbegriffe beider Texte:

– Geld/Gold
– treu sein
– Himmel/XY

Um diese drei Hauptbegriffe bauen wir unseren Textvergleich auf und entwickeln daraus die *drei Werbe-Lügen* (vgl. Tafelanschriebe), die die wesentlichen Veränderungen bzw. Verfälschungen der Werbeanzeige gegenüber dem Märchen zusammenfassen.

Phase 4: Die Ergebnisse der Analyse werden ins Heft diktiert. Nachdem noch einmal der Tafelanschrieb zu den Werbestrategien (Stundenblatt Nr. 6,1) betrachtet wurde, lassen sich – unter Benutzung der bereits gefundenen Formel – folgende Ergebnisse gemeinsam mit den Schülern formulieren:

1. Durch die Darstellung des Sterntalerkindes wird unsere *Aufmerksamkeit* erregt.
2. Der Goldregen erweckt unser *Interesse:* Wie kann ich zu solchem Geldsegen kommen?
3. Die genaue Erklärung, wie ich zu Geld kommen kann, stärkt den *Kaufwunsch.*
4. Wir *kaufen* die Tragetaschen, um die Sterntaler zu bekommen, in der Meinung, wir gewönnen viel Geld.

Stundenblatt Nr. 6,3

Einen besonderen Anreiz bietet das Herstellen von „Werbecollagen mit Märchenstoffen". Diese Aufgabe kann als Ergänzung der Unterrichtseinheit, als Hausarbeit oder auch als Gruppenarbeit in der Stunde angefertigt werden. Da die Schüler durch das Kleben und Schneiden, durch das spielerische Arbeiten mit Werbetexten sehr stark motiviert sind und das Ganze ihnen Spaß macht, erbringen sie oft durch solch einen *kreativen Transfer* bessere und solidere Ergebnisse als im analysierenden Klassengespräch. Die Schüler setzen bei dieser Arbeit ihre zuvor gewonnene Erkenntnis um, daß Werbung zum Verkaufszweck die Märchen
– deformiert
– verflacht
– verdreht.

Phase 1: Das *Sammeln von Gegenständen* aus beliebigen Märchen zum Zwecke der Werbung bereitet zunächst eine denkerische Schwierigkeit für den Schüler. Welche Gegenstände sind geeignet?
Zunächst muß der Begriff Zentralbild/Nebenbild anhand von Beispielen geklärt werden. Was sind die wichtigsten Vorstellungen im Zusammenhang mit einer Märchenhandlung oder einer Märchenfigur; was sind weniger wichtige Vorstellungen?

Zum Beispiel denken wir bei Dornröschen zuerst an den „100jährigen Schlaf" als typisch. Deshalb eignet sich Dornröschen eher für eine Schlaftabletten-Werbung (Zentralmotiv) als für eine Kosmetika-Werbung (Schönheit ist Nebenmotiv).
Nicht jedes Märchen enthält Elemente, die sich für Werbezwecke eignen.
Zusammen mit den Schülern wird an der Tafel eine Tabelle angelegt, in der festgehalten wird, welche Vorstellungen sich mit welchen Märchenstoffen verbinden und für welche Werbezwecke diese Vorstellungen benutzt werden können. Aus dieser Tabelle wählen die Schüler sich dann ein Beispiel aus für ihre Märchen-Collage.

In *Phase 2* wird der Werbetext formuliert. Hier besteht die Schwierigkeit, daß die Schüler, sind sie nicht mit den sprachlich-formalen Techniken der Werbesprache vertraut (etwa durch Behandlung der Werbung in früheren Unterrichtseinheiten), nur mit Mühe die passenden Werbeslogans bilden können.
An dieser Stelle kann nun noch einmal auf das Arbeitsblatt von Stundenblatt 6,1 (R) zurückgegriffen werden. Die vorliegenden Werbesprüche bieten genügend begrenztes Material, das nun nach sprachlichen Gesichtspunkten analysiert wird. Anhand der Leitfragen wird der Tafelanschrieb II entwickelt, der die sieben wichtigsten Merkmale der Werbesprache enthält. Diese Auflistung können die Schüler beim Verfassen ihrer Werbesprüche als Vorbild benutzen. Nun können die Schüler allein oder in Partnerarbeit unter Zuhilfenahme der vorliegenden Werbematerialien (Zeitungen und Illustrierte mitbringen lassen!) ihren Märchen-Werbetext entwerfen und zusammenmontieren. Wichtig ist der Hinweis, daß die ausgeschnittenen Teile aus Werbetexten nur Impulse fürs eigene Formulieren und Kombinieren sein sollen. Der Lehrer hat darauf zu achten, daß die Schüler nicht meinen, alles ausschneiden zu müssen.

Die endgültige Zusammenstellung von Wort und Bild kann – ist keine Zeit mehr vorhanden – auch als Hausaufgabe vorgenommen werden, da die Schüler nun Regeln und Richtlinien kennen, an denen sie sich orientieren können *(Phase 3)*.

Unterrichtsziele

1. Die Schüler werden in altersgemäßer Ausführlichkeit mit der Problematik der Manipulierbarkeit der Sprache – am Beispiel der Werbung – konfrontiert.
2. Sie lernen einige Techniken des Manipulierens kennen:
   – durch Veränderung von Wort und Inhalt entsteht eine Verdrehung des Sinns
   – durch Weglassen von Wort und Inhalt entsteht eine Verflachung des Sinns
   – durch Hinzufügen von Wort und Inhalt entsteht eine Übertreibung des Sinns.
3. Die Schüler lernen die Werbeslogans zu hinterfragen, indem sie sie verfremden.
4. Die Schüler analysieren Inhalte und sprachliche Formen der Werbung und eignen sich die Techniken an.
5. Die Schüler gewinnen Einsicht in die Machbarkeit von Werbung, indem sie nach vorgegebenen Regeln selbst Werbetexte verfassen.
6. Durch das Verfassen und Gestalten von Werbecollagen wenden die Schüler die gefundenen Ergebnisse aktiv an und liefern damit die beste Ergebniskontrolle.

Arbeitsblatt zu „Das Märchen und die Werbung", Stundenblatt Nr. 6

Eine Waschmittelfirma XY machte folgende Reklame:

Auf den Packungen stand:

So bringen XY-Sterntaler bares Geld:

1. Sterntaler ausschneiden.

2. Auf Rabattkarte kleben.
   Sie finden die Sterntaler-Rabattkarte in dieser XY-Packung.

3. Rabattkarte an XY-Sterntaler, A-Stadt, senden.
   Machen Sie mit — es lohnt sich!

4. Geld kommt prompt per Post:
   30 rote Sterntaler von 3 XY-Tragepackungen bringen 3,— DM zuzüglich Porto.

5. Einsendeschluß: 25. 10. 19 . .
   (Poststempel)

Sterntaler sammeln
Zahlt sich aus XY schickt
XY mir Geld ins Haus
(für Treue zu 3 kg-Tragepackungen)
Überall wo Sie auf den XY -Tragepackungen Sterntaler finden: Aufkleben und an „XY Sterntaler" einsenden. Treue zahlt sich aus.

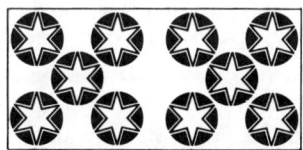

Wie unterscheiden sich die XY-Sterntaler von denen des Märchens?
Erkläre, warum die Firma ihre Gutscheine „Sterntaler" nennt.
(Frage euren Händler, wie viele Waschmittel er führt.)
Kennst du andere Fälle, in denen die moderne Werbung Märchen benutzt?

Quelle: Lesen, Darstellen, Begreifen. Ausgabe A, 5. Schuljahr. Hirschgraben-Verlag, 1973[4], S. 212

Stundenblatt Nr. 7
Das Märchen und sein Realitätsbezug

Nr. 7,1 + Nr. 7,2: Stunde 19/20/21
Nr. 7,3: Stunde 22

Vorüberlegungen

Wir verweisen hinsichtlich des hier angesprochenen Aspektes auf den Einleitungsteil und bringen lediglich folgende konträre Thesen noch einmal in Erinnerung:

„Wenn dann Märchenhaftes (oder was man dafür hält) in den Kinderstunden von Funk und Fernsehen, im Theater oder auf Schallplatten reproduziert wird, dann werden endgültig alle Sinne der Kinder nur noch dafür in Beschlag genommen, ihnen mit autoritärer Geste eine *Unwirklichkeit aufzuschwätzen,* die ihnen jede produktive Verarbeitung eigener Erfahrungen beschneidet..." (J. Merkel, in: Märchenanalysen [Reclam 9532], S. 61 f.)

Dagegen Wollenweber in „Thesen zum Märchen" „Märchen sind *nicht* phantastisch und *unrealistisch,* sie sind im Gegenteil *höchst realistisch.* Sie geben Erfahrungen wieder, sie zeigen tatsächliche Konflikte, sie berichten von privaten und gesellschaftlichen Verhältnissen..." (a. a. O., S. 62)

„Das Märchen zeigt also das Wunschziel. Es gibt häufig auf *‚realistische',* d. h. hier höchst drastische, *verschlüsselte,* oft groteske Weise die Mittel und Wege an, durch die das Ziel...zu erreichen wäre." (a. a. O., S. 64)

Die Teilsequenz „Das Märchen und sein Realitätsbezug" versucht, die Beziehung zwischen Märchen und Realität auf kindgemäße Weise aufzuhellen und verständlich zu machen.
Das Thema wurde gewählt, da erfahrungsgemäß im Laufe der Besprechung der Märchen Äußerungen wie: „So was wie im Märchen gibt's in Wirklichkeit nicht!" oder ähnliche vorkommen und die Klärung des Realitätsbezuges notwendig machen.
Die konträren wissenschaftlichen Positionen,
– „unrealistisch" (unwirklich)

– „verschlüsselt realistisch" (= symbolisch!), die auch in Schülergesprächen in Form etwa von folgenden Äußerungen auftauchen „Das ist ja *nur* ein Märchen!" (= nicht wirklich geschehen) und „Nein, das Märchen ist doch *irgendwie* wahr!" (der Schüler erkennt den symbolischen Wirklichkeitsbezug des Märchens) veranschaulichen und erklären wir anhand von drei ausgewählten Texten:
– Ein Antimärchen zum Sterntalermärchen (Das „Märchen" aus Büchners „Woyzeck")
– Das Grimmsche Märchen „Sterntaler"
– Ein Zeitungsbericht von einem Kinderschicksal (Flüchtlingskind aus Malaysia)

Ausgehend von dem Antimärchen Büchners, das Märchenrealität als Scheinrealität in Frage stellt und verfremdet, spannen wir den Bogen zum „Sterntaler"-Märchen (Grimm), das in symbolischer Sprache Wirklichkeit vermittelt, bis hin zum Zeitungsartikel, dem Repräsentant des Realen. Durch den offenen Schluß – beide Lösungen, die des Märchens und die des Antimärchens, sind in Wirklichkeit möglich – wird der Begriff „symbolisch" für die Schüler nachvollziehbar: der Schüler erkennt Wirklichkeit als gestaltbare Wirklichkeit.
Das Antimärchen endet realistisch, vergleichbar mit den unzähligen Tatsachenberichten von notleidenden Kindern auf der Welt. Das „Sterntaler"-Märchen ist nun nicht „unrealistisch", es zeigt symbolisch eine Lösung zum guten Ende auf, die – und das können die Schüler anhand des Zeitungsartikels nachvollziehen – *auch* Wirklichkeit sein kann.

Stundenverlauf

Phase 1: Bewußt wählen wir nicht den Grimmschen Text als Ausgang und Einstieg, sondern nützen didaktisch das Befremden über den gänzlich unmärchenhaften Ton des

Antimärchens (S. 51, Arbeitsblatt) als Motivation für die Schüler: Wir lesen das Büchner-Märchen vor, ohne daß die Schüler den Text vor sich haben. Die Schüler erhalten Gelegenheit, sich über den Text zu äußern, die Äußerungen bleiben unsystematisiert. Im Anschluß daran werden die Schüler zum gemeinsamen Lesen (der Text wird auf Arbeitsblättern zur Verfügung gestellt) aufgefordert. Ein nochmaliges Lesen und Hören des Textes ist notwendig, da sonst die Schüler die Fragen der Phase 2 nicht beantworten können.

Phase 2: Möglichst im Rückgriff auf die bereits in Phase 1 geäußerten Überlegungen wird nun in fragend-entwickelndem Unterrichtsgespräch die Andersartigkeit des Büchner-Textes herausgearbeitet.
Bevor in Phase 4/5 ein genauer Textvergleich mit dem Sterntaler-Märchen vorgenommen wird, muß zuerst allen Schülern klargeworden sein, welches Märchen hier als Vergleichspunkt herangezogen werden muß und daß zwischen beiden zum einen inhaltliche und zum andern formale und sprachliche Unterschiede bestehen.

Phase 3: Deduktives Vorgehen ist wichtig: Der Grimm-Text wird erst auf dem Arbeitsblatt (Text in: Goldmann – Tb. 412/413, S. 473, und in: Lesen, Darstellen, Begreifen 5, S. 211) ausgeteilt, nachdem die Schüler aus dem Gedächtnis den Märchenstoff rekonstruiert haben (Nacherzählungsübung). Auch wenn der Wortlaut den Schülern gut bekannt ist, so ist für eine genaue Textanalyse ein Arbeitsblatt mit dem Wortlaut des Grimmschen Märchens unumgänglich.

Phase 4/5: Nun kann der Vergleich beider Texte im Detail erfolgen.
Dabei werden in Phase 4 die inhaltlichen, in Phase 5 die formalen und sprachlichen Unterschiede untersucht.
Wir systematisieren die Gesprächsergebnis-
se, die sich aus dem fragend-entwickelnden Unterrichtsgespräch ergeben, direkt im Tafelanschrieb.
Folgende *inhaltlichen* Punkte sollten erarbeitet werden:
Beide Kinder haben eine gleiche Ausgangsposition, Weg und Schluß sind verschieden. Das Kind im Antimärchen trifft niemanden. Das Sterntaler-Kind trifft vier Menschen, denen es barmherzig hilft (viermal schenkt es etwas her). Das Märchen belohnt das Sterntaler-Kind für seine Taten, es wird reich. Bei Büchners Antimärchen gibt es kein Gegenüber mehr, noch schlimmer: Auch die Natur, auch Mond und Sterne sind tot, weder Himmel noch Erde helfen dem Kind. Die typische Märchenstruktur „Auszug–Suchweg–Erlösung" ist hier total verdreht, verfremdet. Es gibt keine Lösung, kein „Märchen-Happy-End". Die zu entwickelnde Antithetik wird vom Schüler leicht erfaßt und tabellarisch festgehalten (Tafelschaubilder I + II, Nr. 7,1 [R]).
Die *formalen, sprachlichen* Unterschiede *(Phase 5)* herauszuarbeiten, fällt den Unterstufenschülern schon schwerer. Wir halten es dennoch hier für eine gute Möglichkeit, stufenbezogen in eine Textinterpretation einzuführen. Hypotaxe (Grimm) und Parataxe (Büchner), Satzabbrüche („alles tot"), mundartliches Sprechen („und is ganz allein, und da is es…") und Verwendung von bestimmten Wortarten (Büchner: besondere Adjektive) sind formale Kriterien, die auch der Unterstufenschüler mit Hilfe entsprechender, d.h. relativ enger Leitfragen, schon erfassen kann.

Phase 6 leitet über zum dritten Vergleichstext, dem fingierten Zeitungsartikel. Zu diesem Zweck wird – als Endpunkt und Abschluß des bisherigen Textvergleichs – die Frage nach dem Realitätsgehalt der beiden Texte (Grimm-Märchen und Büchner-Märchen) gestellt. Die Schüler werden aufgefordert, eine Beziehung zwischen den Kindern in den beiden Versionen des Sterntaler-Märchens und tatsächlichen Kinderschicksalen herzustellen.

Wenn bei den Schülern die Einsicht gewonnen ist, daß beide Märchentexte gleichnishafte Gestaltungen der Wirklichkeit sind, d.h. einen Realitätsbezug haben, ist es sinnvoll, ein Arbeitsblatt mit dem fingierten Zeitungsartikel (vgl. S.51) zu präsentieren *(Phase 7)*.

Als Sozialform wählen wir bewußt Stillarbeit (oder Partnerarbeit), wenn wir nun in *Phase 8* einen Vergleich zwischen den drei Texten durchführen.

Das Antimärchen, das formal ein Märchen bleibt, inhaltlich aber das „Happy-End" des Märchens angreift, sagt aus: „So ist es nicht im Leben, das Märchen ist eine Lüge!" Der Zeitungsartikel, den wir den Schülern nun vorlegen, ist Repräsentant des Realen. Er zeigt den Schülern deutlich, daß es von der Aktivität des einzelnen Mitmenschen abhängt, welchen Ausgang eine ähnliche, realistische Geschichte nehmen kann: Sterntaler ist ein Kind, das heute unter uns leben könnte. Von den Mitmenschen hängt es ab, wie die mögliche reale Geschichte endet – wie die des Märchens mit glücklichem Schluß (der „Goldregen" kann nun von den Schülern als erfahrbares Glückssymbol verstanden werden) oder wie die des Antimärchens mit traurigem Ende: Trostlosigkeit und Verlassenheit ist ebenso erfahrbare Wirklichkeit. Diese Rückbesinnung auf das Verhalten des einzelnen gilt als wichtiger Lernschritt in der Unterrichtseinheit. Das Märchen zeigt in seinen vielfältigen Formen symbolische Lösungen, das Antimärchen stellt sie in Frage: Das ist nicht so! Die Wirklichkeit, in der wir, auch

die Schüler, leben, fordert jeden zum Entscheid, zur Mithilfe auf (sozialer Aspekt).

Phase 9 sichert die Ergebnisse im Tafelanschrieb (s. Stundenblatt Nr. 7,3 [R]).

Dadurch lernen die Schüler „Symbol" als *Zeichen*, als *Bild* für eine denkbare Wirklichkeit verstehen. Das Tafelbild Nr. 7,3 (R) veranschaulicht so den schwierigen Begriff „symbolisch" und klärt ihn im Rahmen des Besprochenen.

Unterrichtsziele

1. Die Schüler werden stufenweise an textnahes Interpretieren gewöhnt.
2. Die Schüler lernen, inhaltliche und formale Unterschiede themengleicher Texte zu erkennen.
3. Die Schüler benennen die Unterschiede zwischen Märchen, Antimärchen und Zeitungsbericht.
4. Die Schüler gewinnen die Einsicht, daß das Märchen bildhaft, zeichenhaft eine Realität abbildet, das Antimärchen Büchners diese als Scheinrealität in Frage stellt und verfremdet.
5. Die Schüler können anhand des Zeitungsartikels den Spannungsbogen zwischen Märchen (= unwirklich) und Antimärchen (= wirklich) aufbrechen und als faßbare Wirklichkeit nachvollziehen: „So könnte heute ein Sterntaler-Kind leben." Dadurch wird der Schüler befähigt, einen Bezug zwischen Realität und Märchen herzustellen.
6. Der Schüler erkennt die Wirklichkeit als gestaltbare Wirklichkeit, die vom Verhalten des einzelnen verändert werden kann.

Arbeitsblatt zu Stundenblatt Nr. 7,1/2

Antimärchen: Georg Büchner, Woyzeck

Großmutter. Kommt, ihr kleinen Krabben! – Es war einmal ein arm Kind und hatt
kein Vater und keine Mutter, war alles tot und war niemand mehr auf der Welt. Alles
tot, und es is hingangen und hat gesucht Tag und Nacht. Und weil auf der Erde niemand
mehr war, wollt's in Himmel gehn, und der Mond guckt es so freundlich an; und wie es
endlich zum Mond kam, war's ein Stück faul Holz. Und da is es zur Sonn gangen, und
wie es zu Sonn kam, war's ein verwelkt Sonneblum. Und wie's zu den Sternen kam, waren's kleine goldne Mücken, die waren angesteckt, wie der Neuntöter sie auf die Schle-
hen steckt. Und wie's wieder auf die Erde wollt, war die Erde ein umgestürzter Hafen.
Und es war ganz allein, und da hat sich's hingesetzt und geweint, und da sitzt es noch
und is ganz allein.
Quelle: Georg Büchner, Woyzeck, Reclam 7733, S. 24

Arbeitsblatt zu Stundenblatt Nr. 7,3

Zeitungsbericht:
Kinderschicksal nach einem Zeitungsartikel (zusammengestellt nach der „ZEIT")

Flüchtlingslager Pulan Bidong (Malaysia):
Van Kinh, das kleine, abgemagerte Mädchen mit großen, traurigen Augen, eines unter
Tausenden von Kindern, die zusammengepfercht mit 34 000 Flüchtlingen in größter
Hitze, unter Entbehrung lebenswichtigster Raum- und Hygienebedingungen dahinve-
getieren müssen, unsicher, ob sie jemals ein rettendes Boot von der „Insel des Todes"
holen wird, hat keinen Vater und keine Mutter mehr. Beide kamen um, als ihr Boot, auf
dem sie wochenlang im Meer getrieben waren, von thailändischen Piraten überfallen
wurde.
Es hat kein Haus, es hat kein Bett mehr. Allein, unter vielen der Ärmsten schläft es,
wenn es überhaupt schlafen kann, bei dem feuchtheißen Klima, auf einem Holztisch,
eng neben viele andere Menschen gepfercht.
Van Kinh sucht ein neues Zuhause. Sie ist ein Kind, das trotz der schrecklichen Erlebnisse den Mut nicht verliert. Wie die anderen Flüchtlinge im Lager nimmt sie teil an
dem selbstorganisierten Barackenleben, wobei einer dem anderen hilft. Sie teilen die
wenigen Reste von Nahrungsmitteln und Kleidungsstücken, und sie versuchen in den
elenden Schulbaracken, die sie eigens errichtet haben, einige Englischfetzen zu erler-
nen, mit der Hoffnung, so einmal besser ein neues Zuhause in Europa zu finden.

51

- *Entweder* endet die Geschichte von Van Kinh so *(Schluß 1, s. Tafelbild Stundenblatt Nr. 7,3):*

Das Rote Kreuz wählt sie mit aus, da sie elternlos ist, sie darf mit nach Hamburg auf dem Spendenschiff (vgl. „DIE ZEIT"). Unvorstellbar schön für Van Kinh: Sie darf mit, sie ist ausgewählt worden, sie kann die Insel des Todes verlassen, sie ist eine der Glücklichen, die nach 296 Tagen unvorstellbaren Elends und Not gerettet wird.

- *oder so (Schluß 2, s. Tafelbild Stundenblatt Nr. 7,3):*

Van Kinh wählt keiner aus. So viele andere Kinder leben in gleicher Not. Es ist kein Platz mehr für Van Kinh. Ein paar hundert Flüchtlinge werden ausgewählt. Nur ein Schiff und 35 000 notleidende Flüchtlinge. Nun ist Van Kinh ganz allein unter den anderen wartenden Flüchtlingen.

Stundenblatt Nr. 8
Das Antimärchen

Stunde 23–24

Vorüberlegungen

Brackert zeigt in seinem „Großen deutschen Märchenbuch" auch das breite Spektrum der sogenannten „modernen Märchen", vom Janosch-Märchen, einer modernisierten Neufassung, über ironische Umformungen in witzig-ironischem Stil („Nach hundert Jahren" [Lampe] und „Hans im Glück" [Heckmann]) bis hin zu konsequentester Verfremdung und Umkehrung der traditionellen Märchen, neu erzählt und verfremdet als „Verwirrmärchen".

Iring Fetscher mit seinem Märchenverwirrbuch „Wer hat Dornröschen wachgeküßt?" (vgl. Kommentierte Bibliographie) ist wohl der bekannteste und beliebteste Vertreter des Genre „Verwirr-Märchen".

Fetscher mit seinen Verwirr- und Verfremdungstechniken soll uns hier noch etwas ausführlicher beschäftigen. Was will er mit seinen Texten erreichen? Er selbst äußert, daß es zu seinem Märchenverwirrbuch „verständnislose Polemiken und bitterernste Zurechtweisungen" (Fetscher, a.a.O., S.149) gegeben hat. Damit klärt er selbst Sinn und Zweck seiner Verwirrtechniken:

„Verkrampfungen lockern, mit Methoden spielen und damit zur Nachahmung reizen, Kreativität einüben…" (Fetscher, S.149).

Er will also nicht, wie man bei flüchtiger und unvollständiger Lektüre zunächst denken könnte, die alten, traditionellen Märchen zerreißen, verteufeln, sondern er sagt selbst:

„Es ging und geht mir nicht um eine ‚Zerstörung' der alten Märchen. *Im Gegenteil,* ich glaube, daß sie auch dem noch so eingreifenden Deutungs- und Verwirrspiel *standhalten.* Ihre Vieldeutigkeit (und Verwirrbarkeit) machen gerade ihre Größe aus" (ebd.).

Mit den drei von ihm angewandten Verwirrmethoden

1. Philologische Textkritik und Exegese
2. Psychoanalyse
3. Historischer Materialismus und Prinzip Hoffnung

ironisiert er mit beißender Schärfe die oft sehr gewagten Märcheninterpretationen sämtlicher Richtungen und setzt seinerseits sozusagen den Schlußpunkt, indem er das Kind mit dem Bade ausschüttet und die einzelnen Märchen aus Spaß am Verfremden total auf den Kopf stellt.

Fetschers Verwirrmärchen sprechen Schüler unserer Altersstufe direkt an: Hier darf widersprochen, hier darf Verrücktes artikuliert, hier darf spielerisch nachgeahmt und umgeformt werden!

Selbst ein gänzlich verfremdetes Märchen reizt das Kind; der Sinn, nun verschlüsselt und verdreht, enthüllt sich ihm nur in anderer, in neuer, interessanter Form. (Sie sind, laut Fetscher, aus seiner Erzählpraxis mit seinen vier Kindern entstanden!)

Wenn wir im folgenden nun vorschlagen, ein Verwirrmärchen Fetschers mit den Schülern zu besprechen, dann einmal wegen des hohen Motivationsgrades, den diese Texte für Schüler haben, und zum anderen, weil sich hier für die Schüler wieder Gelegenheit bietet, selbst kreativ tätig zu werden. Die Verwirrtechniken Fetschers sind auch für Unterstufenschüler leicht zu durchschauen und dann entsprechend an einem neuen Stoff anzuwenden. Insofern paßt das Thema Verwirrmärchen nahtlos in die Konzeption all unserer Teilsequenzen, die ja überall die Eigentätigkeit und Eigenaktivität des Schülers zu fördern suchen.

Hier wird noch einmal unser schon mehrfach geäußerter Standpunkt (unter Bezug auf Bettelheims Thesen) gefestigt, daß Märchen – also auch in verfremdeter Form! – für das sich entwickelnde Kind in seiner Persönlichkeitsentfaltung eine reiche Quelle von Stoffen bieten, in denen es sein Ich auch mit all seiner Aggressivität ausleben und nachvollziehen kann. Das Fetschersche Antimärchen kann im Zusammenhang mit dem modernen Janosch-Märchen (vgl. Stundenblatt Nr. 9) besprochen werden, aber auch das Minimalprogramm kontrastierend beschließen.

Stundenverlauf

Phase 1: Methodisch schaffen wir einen Anreiz durch das Fremde, Andersartige, indem wir zunächst das Antimärchen „Die Geiß und die sieben jungen Wölflein" (vgl. Text S. 54) vorlesen. Die Schüler haben mit Absicht noch keinen Text vor sich und können sich ganz auf das Hören des Antimärchens konzentrieren. Das sich anschließende Un-

terrichtsgespräch soll Phase 3, in der ein ausführlicher Vergleich des Fetscher-Textes mit dem Grimmschen Original erarbeitet wird, insofern vorbereiten, als es die von den Schülern kommenden Bemerkungen über die Fremdheit des „Märchens" – noch unsystematisch – festhält.

In *Phase 2* wird der altbekannte Text des Grimmschen Märchens ins Gedächtnis gerufen. Bevor wir den Text austeilen (Hektographie), sollte er nacherzählt werden. Diese Nacherzählungsübung erinnert die Schüler noch einmal daran, daß Märchen ein Erzählgut sind, das sich verändernd durch die Jahrhunderte hindurch erhält. Auch die Kinder gestalten ihr Märchen. Deshalb „berichtigen" wir durch das Lesen des Grimmschen Textes nicht, sondern stellen fest, daß viele Erzählfassungen von einem Märchen bekannt sind.

Phase 3: Ein systematischer Vergleich der beiden Texte macht den Schülern die Verwirrtechnik *Fetschers* klar (vgl. Tafelanschrieb I)
– antithetisches Vertauschen der Personen (Tiere)
– Vertauschung der Charakteristika
– das *Ende* des Antimärchens ist der *Beginn* des Grimm-Märchens.

Phase 4 wechselt die Methode vom fragendentwickelnden Klassengespräch zur Still- bzw. Partnerarbeit: Durch einen gezielten Arbeitsauftrag „Welche Stellen im Fetscher-Text findet ihr besonders komisch?" läßt sich eine zusätzliche Verwirrtechnik Fetschers – Verfremdung durch Komik – erarbeiten. Die gefundenen Beispiele werden an der Tafel festgehalten und eventuell ergänzt. (Tafelanschrieb II)

In *Phase 5* wird die Frage aufgeworfen, ob wir auf Grund der festgestellten „Verwirr-Regeln" nicht selbst solche lustigen Antimärchen schreiben könnten. Dieser Vorschlag findet meist freudige Zustimmung. Als Anleitung listen wir die gefundenen Regeln auf (Tafelanschrieb III).

In *Phase 6* wird das Schreiben eines Antimärchens nach den Fetscherschen Verwirrtechniken noch einmal vorbereitet. Den Schülern wird der Fetscher-Text „Rotschöpfchen und der Wolf" (in: „Wer hat Dornröschen wachgeküßt?", S. 28) vorgelegt. Als Hausaufgabe sollen sie nun diesmal ganz selbständig feststellen, welche Verwirrtechniken Fetscher hier anwendet. In guten Klassen kann die Arbeitsaufgabe „Schreibt selbst ein Antimärchen" sofort angeschlossen werden, sonst sollte die Hausaufgabe zuvor ausführlich besprochen werden.

Das Schreiben des Antimärchens wird als Hausaufgabe gestellt, nur so hat der Schüler genügend Zeit, darüber nachzudenken und Gedanken dafür zu sammeln. Wir lassen den Schülern dafür 2–3 Wochen Zeit.

Tafelanschrieb IV stellt die Ergebnisse der Rotschöpfchen-Hausaufgabe zusammen.

Arbeitsblatt zu Stundenblatt Nr. 8

Iring Fetscher: Die Geiß und die sieben jungen Wölflein

Es war einmal eine glückliche und zufriedene Wolfsfamilie, Vater Wolf, Mutter Wolf und sieben kleine Wolfskinder, die als Siebenlinge zur Welt gekommen waren und noch nicht allein in den Wald gehen durften.

Eines Tages, als Vater Wolf schon auf Arbeit gegangen war, sagte Mutter Wolf zu ihren Kindern: „Kinder, ich muß heute zum Bettenhaus ‚Moos und Flechte‘ gehen, um für euch neue Betten zu kaufen, denn die alten sind ganz durchgelegen und nicht mehr bequem, von anderen Mängeln ganz zu schweigen. Seid schön brav und geht nicht aus der Höhle, während ich weg bin, man weiß nie, wer durch den Wald kommt: Jäger, Polizisten, Soldaten oder andere bewaffnete Leute, die es mit jungen Wölfen nicht gut meinen. Gegen Mittag werde ich wiederkommen und allen, die brav gewesen sind, etwas Schönes mitbringen."

„Ja, ja, natürlich, natürlich", antworteten die sieben kleinen Wölflein ungeduldig, denn sie wollten, daß die Mutter endlich gehen sollte, damit sie ungestört toben und Moosschlachten veranstalten konnten. Sobald die Mutter Wolf gegangen war, begannen die kleinen Wölflein ausgelassen zu spielen. Als aber vielleicht eine Stunde vergangen war, scharrte es am Höhleneingang, und eine Stimme rief:

„Kommt heraus, ihr lieben Kinderchen, eure Mama ist wieder da und hat jedem etwas Feines mitgebracht, kommt nur schnell, damit ihr es an der hellen Sonne auch gut sehen könnt." Aber, während sie dies sagte, klang die Stimme so scheppernd und meckernd, daß die Wölflein laut riefen:

„Nein, wir kommen nicht hinaus, du bist nicht unsere Mama, du bis die alte Meckerziege, unsere Mama hat eine tiefe, schöne Stimme!" Da ärgerte sich die böse Geiß und überlegte, wie sie es anstellen sollte, daß ihre Stimme so tief und wohltönend würde wie die von Mama Wolf.

In ihrer Ratlosigkeit ging sie – wie das viele Tiere im Walde tun – zu einem alten Uhu, der überall als das weiseste Tier bekannt war. „Lieber Uhu", sagte die Geiß, „wie kann ich es nur anstellen, daß meine Stimme so tief und wohltönend wird wie die einer Wolfsmutter?"

Der alte Uhu legte den Kopf auf die Seite und dachte einen Augenblick nach, dann sagte er: „Am besten wird es sein, wenn du bei mir Gesangsunterricht nimmst, aber ich kann's nicht umsonst machen."

„Das laß nur meine Sorge sein", meinte die Geiß, „du kannst von mir einen Liter feinster, vollfetter Ziegenmilch haben, aus der man echten Ziegenkäse machen kann."

„Ein Liter ist nicht genug", meinte der alte Uhu, „aber für zwei will ich's wohl machen."

„Nun gut", meinte die Geiß, „wenn du dir unbedingt den Magen mit soviel Käse verderben willst, sollen es auch zwei Liter sein", und sie begannen die Gesangsstunde.

Der alte Uhu aber war ein so guter Lehrer und die Geiß wegen ihres Interesses an der Täuschung der Wolfskinder eine so aufmerksame Schülerin, daß sie in einer halben Stunde eine schöne, tiefe Baßstimme bekam, mit der sie in jedem Kirchenchor hätte auftreten können.

Nachdem sie den Uhu bezahlt hatte, ging sie zurück zu der Höhle der kleinen Wölfe. Abermals rief sie: „Kommt heraus, ihr lieben Kinderchen, eure Mama ist wieder da und hat jedem etwas Feines mitgebracht, kommt nur schnell, damit ihr es an der hellen Sonne auch gut sehen könnt."

Und diesmal klang die Stimme so tief und schön, daß die kleinen Wölflein vollkommen getäuscht wurden und blinzelnden Auges hinausliefen in die strahlende Vormittagssonne. Kaum aber waren sie draußen, da wurden sie auch schon von der bösen Geiß auf die Hörner genommen und hoch hinauf in einen Tannenbaum geschleudert, an dessen Zweigen sie sich ängstlich festhielten, denn Wölfe können, wie ihr wißt, nicht klettern. Der Ausgang der Wolfshöhle war so klein, daß immer nur ein Wölflein auf einmal hinauskonnte, und da die anderen nachdrängten, konnten die vordersten auch nicht mehr zurück, als sie erkannt hatten, wer draußen stand. Nur das letzte und schwächste Wölflein, hinter dem niemand mehr drängte, konnte sich noch rechtzeitig in Sicherheit bringen, ehe die Geiß es gesehen hatte. Die Geiß aber, die immer schlecht im Rechnen gewesen war, glaubte schon, alle sieben Wölflein in die Tannenäste hinaufgeschleudert zu haben, und zog tiefbefriedigt ab.

Wenn ihr mich fragen würdet, warum die Geiß überhaupt so böse auf die kleinen Wölfe war, so könnte ich nur sagen, daß sie den Wölfen das freie, ungezwungene Waldleben mißgönnte und – genau wie ihre Besitzer, deren Haltung sie mit der Zeit angenommen hatte – allem, was von der bürgerlichen Lebensweise abwich, mit neidischem Haß begegnete. Genauer genommen war es also gar nicht ihr eigener Haß, sondern der Haß der kleinbürgerlichen Ziegenbesitzer, der sich in ihr äußerte. Man hatte ihr diesen Haß auf alles Freie in jahrelanger Stallzucht eingeprügelt, und nun ließ sie ihn natürlich an den Schwächsten – den Wolfs- und anderen Kindern – aus.

Als Mama Wolf endlich, bepackt mit schönem, tiefen Betten-Moos nach Haus kam, rief sie ihre Kleinen, aber nur ein einziges Wölflein kam aus der Höhle und erzählte ihr, was vorgefallen war. Bald hörte sie auch von den Tannenzweigen über sich das sechsstimmige Weinen der kleinen Wölfe, die schon ganz schwach waren vom langen Festhalten und riefen: „Bitte, bitte, liebe Mama, hol uns herunter!" Aber natürlich konnte

Mama Wolf auch nicht klettern, und genausowenig Papa Wolf, der ohnehin nicht vor Abend zurückerwartet wurde.

Da ging Mama Wolf in die Nachbarhöhle, in der ein alter Kletterbär schlief, weckte ihn und bat um Hilfe. Der alte Kletterbär wurde mitten aus seinen schönsten Honigträumen gerissen, aber da er ein gutmütiger und obendrein vegetarisch lebender Bursche war, machte er sich sofort auf und holte die sechs kleinen Wölfe im Nu vom Baume herunter. War das eine Freude. Vor lauter Aufregung vergaß Mama Wolf sogar, mit ihren Kindern zu schimpfen.

Als aber am Abend Papa Wolf nach Hause kam und von dem Vorfall hörte, wurde er sehr zornig und sagte böse knurrend: „Na warte, der Geiß werde ich's heimzahlen!" Vergeblich suchte Mama Wolf ihn zu beruhigen. Am nächsten Morgen zog Papa Wolf zum Ziegenstall und zahlte Mama Geiß mit gleicher Münze heim. Hier beginnt die Geschichte vom „Wolf und den sieben jungen Geißlein", die ihr alle kennt.

Quelle: Iring Fetscher, Wer hat Dornröschen wachgeküßt?, Fischer – Tb. 1446, S. 28 ff., © 1972 by Claassen Verlag GmbH, Düsseldorf

Schüler-Antimärchen

Das Zuckerdistelchen (Katja Schittenhelm, 5. Klasse)

Es war einmal ein böses Königspaar, das wünschte sich alles auf der Welt, nur kein Kind. Aber eines Tages bekam die Königin doch ein Kind. Das Mädchen war so häßlich, daß sie es „Distelchen" nannten. Zur Taufe luden sie nur die 13. Fee ein, die anderen Feen, die im Lande wohnten, durften nicht kommen, da das Königspaar für die Festtafel nur 3 Gedecke hatte. Die 13. Fee wünschte dem Kind alles Gute für die Zukunft, da öffnete sich plötzlich die Tür, und die 12. Fee kam herein. Sie breitete die Arme über dem Kind aus und sprach: „Wenn du 15 Jahre alt bist, sollst du durch einen Kuß in tiefen Schlaf fallen und 100 Jahre schlafen." Da sprach die 13. Fee: „Ich kann diesen Fluch nicht aufheben, aber mildern, du sollst eines Tages durch einen Spindelstich wieder erweckt werden." Der Vorfall wurde jedoch bald vergessen. „Distelchen" wuchs heran und wurde von Tag zu Tag häßlicher und böser. Jedermann fürchtete sich vor ihr.

An ihrem 15. Geburtstag machte sie einen Spaziergang im Garten, da begegnete ihr ein häßlicher Prinz. Der ging auf sie zu, nahm sie in die Arme und gab ihr einen Kuß. Da fiel Distelchen um und schlief ein. Zur gleichen Stunde fiel der ganze Hofstaat, auch der König und die Königin, in tiefen Schlaf. Dem Koch in der Küche, der gerade dabei war, dem Küchenjungen das Gesicht zu streicheln, weil er genascht hatte, blieb die Hand an der Backe kleben. Dem Hund, der laut miaute, blieb der Mund offen stehen. Und plötzlich wuchs um das ganze Schloß eine Hecke von lauter Zuckerkuchen, und die Leute vom Dorf sagten: „Da oben schläft das Zuckerdistelchen!" Da kamen den ganzen Tag viele Prinzen und wollten sich durch den Zuckerkuchen essen, aber jeder erstickte daran. Als es Abend wurde, kam ein armer Bauernbursche des Weges, der hatte ein altes Spinnrad auf dem Rücken. Der ging auf die Zuckerkuchenmauer zu, diese tat sich plötzlich auf und ließ den Burschen eintreten. Als er die Prinzessin liegen sah, ging er auf sie zu und stach sie etwas mit seiner spitzen Spindel, weil er sehen wollte, ob ihr Blut noch floß. Da schlug Zuckerdistelchen die Augen auf und erwachte und mit ihr der ganze Hofstaat. Der Koch streichelte seinen Küchenjungen weiter, und der Hund miaute laut! Da wurde aus dem häßlichen Distelchen plötzlich ein schönes Prinzeßchen: Sie nannten es nun alle „Röschen"! Der Bauernbursche wurde ihr Mann, und der König und die Königin hatten noch viele Jahre ihre Freude an den beiden. Und weil sie schon gestorben sind, leben sie heute nicht mehr!

Stundenblatt Nr. 9
Das moderne Märchen

Stunde 25–26

Vorüberlegungen

Das wissenschaftliche sowie das allgemeine Interesse am Märchen ist zur Zeit sehr groß. Das läßt sich ablesen an der Zahl der wissenschaftlichen Publikationen, die sich mit dem Thema Märchen beschäftigen, aber auch an den zahlreichen Neuausgaben traditioneller Märchen und den nicht mehr zu überblickenden Märchenanthologien und -sammlungen. Aber nicht nur beim Lesepublikum erfreut sich die Gattung Märchen ununterbrochener Beliebtheit; auch literarisch hat das Märchen nie aufgehört zu existieren. Das beweisen die vielen modernen Märchen und Märchenversionen, die besonders zahlreich in den letzten Jahren erschienen sind. H. Brackert, der Herausgeber der großen Märchenanthologie, hat sich Gedanken zu diesem Phänomen gemacht:

„Nur dadurch läßt sich das Überleben der Gattung ‚Märchen' bis heute begreifen, daß hier eine grundsätzliche menschliche Möglichkeit immer wieder ihren dichterischen Ausdruck findet: In spielerischer Form wird hier eine Freiheit beschworen, die nicht Wirklichkeit *ist*, die sie aber sein *könnte*" (Brackert, a.a.O., S. XIX).

Er sieht im Märchen eine „Phantasietätigkeit auftauchen, die keine andere literarische Form in dieser Weise und in diesem Ausmaß zu bieten vermag" (ebd.).

Im Gegensatz zu den in Inhalt und Form gänzlich verfremdeten „verwirrten" Märchen, den Antimärchen Fetschers (siehe Stundenblatt Nr. 8), bringt das sogenannte „Moderne Märchen", das in Brackerts Märchensammlung durch zahlreiche namhafte Autoren vertreten ist (u.a. auch der bekannte Kinderbuchautor Janosch), durch verschiedene Erzähltechniken eine Aktualisierung des altbekannten Märchenstoffes. Der Märcheninhalt wird von der Grundaussage her belassen, aber in unsere moderne, technisierte Umwelt hineinprojiziert.

Viele dieser modernen Märchen halten wir für unseren Unterrichtszweck in der Unterstufe wegen ihrer politisch-weltanschaulichen oder psychoanalytischen Tendenz und Deutung und auch auf Grund ihres Wortschatzes für nicht geeignet. Deshalb wurde für das Zusatzprogramm „Das moderne Märchen" das kindgemäße Janosch-Märchen „Der Riese und der Schneider" (in: H. Brackert [Hrsg.], Das große deutsche Märchenbuch, a.a.O.), eine moderne Version des „Tapferen Schneiderleins", ausgewählt, Wortschatz und gedanklicher Aufbau des Märchens kann vom Unterstufenschüler gut nachvollzogen werden.

Weitere geeignete „*moderne Märchen*" sind folgenden Sammelbänden zu entnehmen, z.B.:

1. „Hans im Glück" *(Janosch)*; in: H. Brakkert (Hrsg.), Das große deutsche Märchenbuch, S. 666 ff.
2. „Nach hundert Jahren" (F. *Lampe);* a. a. O., S. 626 ff. (Auch Lesebuch „Lesen 5", S. 187 ff.)
3. „Frau Holle" (H. P. *Piwitt*); in: Märchen, Sagen und Abenteuergeschichten auf alten Bilderbogen, neu erzählt von Autoren unserer Zeit", Hrsg. J. Jung, 1974, S. 74 ff.
4. „Rotkäppchen" (M. *von der Grün*); in: Jung, a. a. O., S. 40 ff.
5. „Hans im Glück, ein neues Märchen" (P. *Linden*); in: Klett Lesebuch A 5, S. 29

Stundenverlauf

Phase 1 greift die methodisch-pädagogische Begründung der Stundenblätter Nr. 1 und Nr. 2 auf und sucht den Einstieg zum Thema über das Kreativ-Gestalterische: Der Schüler kann sich im Malen mit einer Figur identifizieren und *seine* Geschichte vom „Tapferen Schneiderlein" ausdrücken. In der vorhergehenden Stunde haben wir die Hausaufgabe gestellt: „Malt eine Szene aus dem Märchen ‚Das tapfere Schneiderlein'!" Zu Beginn der Stunde führen wir ein Rundgespräch, betrachten die Bilder und versuchen bereits andeutungsweise den Gegensatz „Schneider – Riese" herauszuarbeiten, indem wir die gemalten Figuren der Kinder interpretieren.
Leitfragen wie

1. Wodurch unterscheiden sich Riese und Schneiderlein?
2. Ist deine Darstellung der Figuren dem Grimm-Märchen ähnlich? Hast du etwas verändert?

3. Auf welcher Seite wolltet ihr kämpfen, auf der des Riesen oder der des Schneiders?

(und ähnliche)
führen zum Janosch-Text hin.

Phase 2: Der Janosch-Text wird zunächst vorgelesen. Der Lehrervortrag, der die Pointen hervorzuheben weiß, bietet in diesem Fall den Schülern eine bessere Motivation als ein unter Umständen fehlerhaftes Lesen der Schüler. Erst jetzt teilen wir den Text aus und machen ihn allen Schülern verfügbar.
Den gemalten Kinderinterpretationen vergleichbar, schreibt *Janosch sein* Märchen vom Riesen und Schneider, holt das alte, bekannte Grimmsche Märchen herein in die moderne Kinderwelt, übersetzt die „Botschaft" des Märchens in kindgemäßes Handeln und Verhalten. Auch Janosch bietet in seinem Märchen ein mögliches Identifikationsmuster für Kinder an: Der Schneider (möglicherweise ich, das Kind) „zeigt's" dem Riesen, er widersetzt sich den Geboten und Verboten der Erwachsenen.

Phase 3: Als Kontrast wird nun der Grimmsche Text in Erinnerung gerufen. Einer Nacherzählung der Schüler folgt das Lesen des Textes (Hektographie).

In *Phase 4* nehmen wir mit den Schülern einen exakten Textvergleich zwischen dem Janosch-Märchen und der Grimmschen Version vor. Der Vergleich, als methodisches Mittel der Interpretation, eignet sich auf dieser Klassenstufe besonders gut, da der Schüler, vom Bekannten (Grimm) ausgehend, den modernen, neuen Text besser erfassen kann. Wir halten an der Tafel die Gesprächsergebnisse als Skizze (Tafelanschrieb I) und Aufschrieb (Tafelanschrieb II) fest. Die kleine Skizze kann bildlich und kindgemäß verdeutlichen, daß die Grimmsche Antithetik, die die eigentliche Botschaft des Märchens enthält, auch bei Janosch erhalten bleibt: Der große, starke Riese ist klein und schwach im Geist (kleine Sprech- bzw. Denkblase!), der kleine, schwache Schneider groß und stark im Denken (große Blase!). Janosch hat in seinem modernen Märchen sehr fein und genau den Inhalt „übersetzt“: Das übertriebene Aufschneiden des „Tapferen Schneiderleins“ (Grimm) – „Sieben auf einen Streich!“ – zeitigt dennoch Erfolge: Er besteht durch List und Schläue alle Aufgaben und erwirbt als Lohn die Königstochter. Auch Janoschs Schneider erreicht, daß durch seine Frechheiten sogar ein Riese sehr beeindruckt, sozusagen „besiegt“ ist. Nur der Schluß des modernen Märchens von Janosch kehrt in die nüchterne Wirklichkeit zurück und bringt kein „Happy-End“: Der Kontrolleur wirft den Schneider zur Straßenbahn hinaus. Des Schneiders Heldentaten werden dadurch in Frage gestellt anstatt, wie bei den Brüdern Grimm, belohnt.

Phase 5: Der Handlungsrahmen des Märchens ist modernisiert, die Szene spielt in der Straßenbahn, die Signalwörter für die „moderne Umwelt“ sind mit den Schülern leicht zu erarbeiten und werden an der Tafel ebenfalls festgehalten.
Schülern dieser Altersstufe bereitet es besondere Freude – sie sind dadurch also für die

Aufgabe gut motiviert! –, ähnliche Verbote, denen widersprochen werden kann und darf, aufzulisten:
1. Welche Verbote sind sinnvoll?
2. Welche Verbote sind eigentlich nicht berechtigt? Warum?
Durch diese Fragestellung soll ein Nachdenken über den Sinn von Verboten angeregt und die Kritikfähigkeit geschult werden.

Phase 6: Eine sinnvolle und dankbare Hausaufgabe wäre, die Schüler nun Parallel-Märchen zu Janosch schreiben zu lassen. Als Erzählgerüst sollen die von den Schülern gefundenen Verbote gelten (s. Stundenblatt, Formulierung möglicher Schülerergebnisse).

Unterrichtsziele

1. Die Schüler lernen anhand des modernen Märchens Aktualität und Faszinationskraft der Märchenstoffe kennen.
2. Die Kreativität der Schüler soll durch die Anwendung spielerischer Techniken des Verfremdens und Veränderns gefördert und entwickelt werden.
3. Die Schüler sollen – nach Erlernung dieser Techniken – befähigt sein, im Nachvollzug des Erlernten selbst Märchen zu verfremden und zu aktualisieren.

Janosch: Der Riese und der Schneider

Es war einmal ein Schneider, der war schwach wie ein Wurm, dabei aber ein richtiges Großmaul. Überall spielte er sich auf, protzte mit seiner Kraft und markierte den starken Maxe. Einmal fuhr er in der Straßenbahn. Da sah er einen Riesen sitzen. So einen dicken, starken Riesen mit Muskeln wie Krautköpfe, einem Kopf wie ein Bierfaß. Er saß dort mit seinem Hinterteil gleich auf drei Plätzen.

„Dem werde ich's zeigen", dachte der Schneider und stellte sich direkt neben ihn. Alles war verboten in der Straßenbahn, überall hingen Schilder:

Auf den Boden spucken verboten!

Scheiben beschmieren verboten!

Rauchen verboten!

Fahrgäste belästigen verboten!

Und der Schneider spuckte auf den Boden. Direkt vor dem Riesen.

„Holla", dachte der Riese, „der traut sich aber was! Wenn sie den erwischen!"

Dann beschmierte der Schneider die Scheibe mit seiner dreckigen Hand.

„Mann, o Mann", dachte der Riese, „das würde ich mich nicht trauen. Der wagt ja mehr als die Polizei."

Jetzt holte der Schneider eine Zigarette aus der Tasche, zündete sie an und paffte dem Riesen direkt ins Gesicht.

Der Riese hustete schon, guckte den Schneider von der Seite an und zog den Kopf zwischen die Schultern. „Na", dachte er, „wenn das bloß gut geht! So viele Straftaten auf einmal, da gehört gewaltiger Mut dazu. Den können sie ja glatt auf drei Monate ins Kittchen stecken."

Aber was tat der Schneider nun? Er drückte die Kippe nicht erst lange aus, sondern steckte sie dem Riesen in die Jackentasche. Oben links, wo das kleine Taschentuch als Verzierung drinsteckt. Dort fing es auch sofort an zu glimmen und zu stinken und zu qualmen und zu schwelen, und der Schneider fing obendrein noch an, den Riesen zu belästigen: „He, Sie, Mann", sagte er, „das ist doch wohl die Höhe! Qualmen hier herum, stinken aus der Tasche, da werde ich mich beschweren, jawohl!"

Der Riese, der doch ein Riese war und stark, war aber auch etwas einfältig und dachte: „Wer sich so aufführt, der kann wohl mehr, als Sauerkraut essen", und wäre froh gewesen, den Schneider los zu sein.

Da kam der Kontrolleur. Als der Schneider keine Fahrkarte hatte, warf der Kontrolleur ihn hinaus. Da freute sich der Riese und schaute aus dem Fenster, wie er zu Fuß hinter der Straßenbahn herlaufen mußte, der freche Schneider.

Quelle: „Das große deutsche Märchenbuch", (Hrsg. Brackert) S. 665 f., © Beltz und Gelberg, Weinheim

Stundenblatt Nr. 10
Märchen und Comics. Ein Vergleich

Nr. 10,1–2: Analyse und Vergleich (Stunde 26–28)
Nr. 10,3: Herstellung eines Märchen-Comics (Stunde 29–30)

Vorüberlegungen

Diese Teilsequenz empfiehlt sich nur in solchen Klassen, in denen bereits eine ausführliche, detaillierte Behandlung der Comics vorangegangen ist, so daß dem Schüler die spezifischen Merkmale im Stil, in der Handlung, der Personenbeschreibung, dem Zusammenhang zwischen Bild und Wort bekannt sind. (Hierauf ausführlich einzugehen ist nicht Aufgabe dieser Überlegungen. Wir verweisen auf W. Fuchs/R. Reitberger, ,,Comics. Anatomie eines Massenmediums'' [rororo 1594].)
Jutta Wermkes Dissertation ,,Wozu Comics gut sind?!'' (1976) greift die Frage neu auf, ob Comics moderne Märchen seien. So brauchbar Wermkes Vorschläge zur Behandlung der Comics im Unterricht sind, so muß hier doch ihre Meinung über den Zusammenhang zwischen Märchen und Märchenstrukturen in Comics (vgl. den Exkurs S. 176 ff.) kritisch überprüft und auch in Frage gestellt werden.
Sie stellt Märchen- und Comic-Lektüre auf eine Ebene und betont die Schwierigkeit für die Schüler, ,,den Wunschcharakter der für realistisch gehaltenen Privatlektüre einzusehen und sie auch in dieser Hinsicht mit der *bereits überwundenen Märchenlektüre auf eine Stufe zu stellen.''* (Wermke, S. 241)
Hoffentlich werden es Kinder nie ,,überwinden'', Märchen lesen zu wollen! Die bisher in diesem Heft ausgeführten Darlegungen zum Thema ,,Märchen'' haben hoffentlich gezeigt, daß Kinder Märchen ,,brauchen'' und sie deshalb immer wieder lesen und hören wollen.

Wermke geht in ihren Ausführungen über dieses Thema unserer Meinung nach von einem ideologisch gefärbten Standpunkt aus, der sich wissenschaftlich und pädagogisch nicht halten läßt. Märchen sind keine realistischen Alltagsbeschreibungen und -erzählungen, sondern Chiffren archetypischen Verhaltens der Menschen vieler Zeiten und Völker. Wenn nun Kritik an der ,,Wunschwelt'' des Märchens geübt wird und man sogar ,,die Märchenwelt als Wunschwelt und Beschönigung der Realität'' (Wermke, a. a. O., S. 176) entlarven will, so trifft dies das Märchen am wenigsten, es deutet vielmehr auf ein völlig falsches Interpretieren hin: Was nicht realistisch ist – und auch nicht sein kann –, kann auch nicht als falsche Realität entlarvt werden. Diese Interpretation trifft eher auf die Comics zu: Die Comics, das Medium unseres industrialisierten und technisierten Jahrhunderts, haben die Formen und Inhalte des Märchens aufgegriffen, verwertet und in realistische Geschichten umgeformt, d.h. oft ,,entwertet''!
Gleich ist bei Märchen und Comics:
– die Suche nach Identifikationsmustern und -figuren (meist Helden)
– das Gut-Böse-Schema (Sieg des bzw. der Guten, Bestrafung des bzw. der Bösen)
– eine gewisse Schablonisierung in Handlung und Figurenkonzeption
– die Allgemeingültigkeit von Ort und Zeit.

Diese Gleichheit ist jedoch nur oberflächlich. Die Märchen vermögen, wie die bisherigen Ausführungen zeigen, Identifikationen hervorzurufen, die den heranwachsenden Kindern zum ,,realistischen'' Lösen ihrer Konflikte verhelfen. Die uralten archetypischen Bilder und Figuren lösen immer wichtige seelische Prozesse aus. Die Comics dagegen sind ,,Vehikel von Wunschträumen, Ersatzbefriedigungen, ja von Fluchten'' (G. Metken, Comics. Frankfurt/M. 1970, [Fischer Tb. 1120], S. 121).
,,Auf realistische Weise vermitteln die Strips

illusionär gelenkte, vom Massenkonsensus geforderte Inhalte." (ebd.)

Die Comics bauen eine realistisch anmutende Scheinwirklichkeit im Leser auf, die Darstellung „von Sex, Gewalttätigkeiten und sozialen Mißständen, mit einem Wort, alles Provokative" ist „tabu" (Fuchs/Reitberger, Comics, S. 187).

„Da die Superhelden wie die Superheldinnen allein durch ihre Existenz den Status quo zwischen Gut und Böse stören, sorgt der Autor sogleich für ein adäquates Korrektiv: den Superbösewicht ... Jeder Held hat den Gegner, der genau auf seine Fähigkeiten zugeschnitten ist." (a.a.O., S. 161)

Comics bieten dem heranwachsenden Kind Wunsch- und Scheinwelten an, in die es sich flüchten kann. Zu einer Lösung seiner Probleme können sie aber nicht beitragen.

Ein rein analytischer Vergleich von Comics und Märchen nach inhaltlichen und formalen Kriterien würde die Schüler unserer Altersstufe überfordern. Sie brauchen einen anschaulichen, konkreten Einstieg in das Thema. Anhand eines ausgewählten Comicstrips werden einige wenige für den Schüler nachvollziehbare Unterschiede erarbeitet und in differenzierten Tafelbildern festgehalten. Z.B.:
– Gut und Böse im Comic und im Märchen
– der unterschiedliche Weg des Comic-Helden bzw. des Märchenhelden
– der Sieg des Comic-Helden bzw. der Sieg des Märchenhelden.

Durch die Aufforderung, einen „Märchen-Comic" herzustellen, nehmen wir die analytisch gefundenen Unterrichtsergebnisse auf und setzen diese in Eigenkreativität um. Dadurch vollzieht jeder Schüler den notwendigen Prozeß der Verfremdung nach und veranschaulicht so im Prozeß des Gestaltens den Unterschied zwischen Märchen und Comic.

Stark motiviert durch die Möglichkeit, selbst kreativ zu werden (die Techniken des Schneidens, Klebens, Sammelns, etc. kommen den Bedürfnissen des Unterstufenschülers entgegen), erzielen wir einen doppelten Effekt:
– Mit den Comics wird eine bei Schülern äußerst beliebte Form der Triviallektüre in den Unterricht einbezogen und ernst genommen.
– Die Schüler lernen – durch den unmittelbaren Vergleich von Comics und Märchen – die Comics kritischer zu sehen.

Völlig abzulehnen wäre also eine Gleichsetzung und grobe Nivellierung beider Literaturbereiche, der Märchen und der Comics. Wenn Wermke der Ansicht ist, „daß es keineswegs moralisch ist, wenn sich Schneewittchens Stiefmutter in glühenden Pantoffeln zu Tode tanzen muß, oder wenn die Mutter der schwarzen Braut nackt in ein innen mit Nägeln gespicktes Faß gesperrt und auf diese Weise von einem Pferd ‚in die weite Welt' gezogen wird" (vgl. a.a.O., S. 176ff.), so können wir dem grundsätzlich nicht zustimmen. Die Grausamkeiten und Brutalitäten eines Comics, die aggressiven Kampfhandlungen des Superhelden gegen den Superbösewicht (oder die Superbösewichter) lassen sich nicht mit der „Grausamkeit" der Märchenfiguren vergleichen, da es sich bei den Märchenfiguren nicht um realistische Personen in einer denkbaren modernen Welt handelt – ganz im Gegensatz zu den Comic-Helden, die eine Direkt-Identifikation hervorrufen. Die sogenannte „Grausamkeit" der Märchenfiguren und gewisser Märchenhandlungen bekommt einen anderen Stellenwert, wenn wir beim Verständnis des Märchens nicht von einer „realistischen Erzählung" ausgehen, wie Wermke dies tut. Genauso wie der Auszug des Helden, sein Bestehen der verschiedenen Abenteuer und Schwierigkeiten, seine glückliche Heirat mit der Prinzessin und die damit verbundene Glück-Findung nicht realistisch im Sinne potentieller Faktizität zu deuten und zu verstehen sind, so auch nicht die erzählten Grausamkeiten! Diese sind als Bilder und Formeln des Unterbewußten zu verstehen, die die verschiedenen Stadien in der Entwicklung signalisieren (Weg des Helden = Entwicklungsweg des Kindes zum reifen Menschen).

Im Märchen wird nicht einer lebenden Person Grausamkeit von anderen Personen zugefügt (Stiefmutter wird zu Tode gemartert), sondern das Böse, personifiziert in der Gestalt der Stiefmutter, wird ausgerottet: Das ist ein positiver und kein negativer Aspekt! Die Bestrafung des Bösen erfolgt im Märchen immer am Schluß, im Zusammenhang mit dem sog. „Happy-End".

Betrachtet man den Handlungsverlauf der Märchen und der Comics, so wird deutlich, daß hier der Hauptunterschied liegt:

„Auch hier [d.i.: in den Comics] gehen seine [d.i.: des Helden] Unternehmungen immer gut aus, nur daß er stets in die Ausgangsposition zurückkehrt. Denn der Fortsetzungscharakter der Serien schließt es aus, daß er ein Königreich und eine Prinzessin findet und sich zur Ruhe setzt." (Wermke, a.a.O., S. 178)

Das Märchen stellt den Reifungsprozeß des Helden dar, vom Auszug bis zur Erlösung (Heirat, Reichtum), eine dynamische Entwicklung wird nachgezeichnet, der Schluß ist ein Fortschritt, keine Rückkehr zum Ausgangspunkt! Der Comic-Held dagegen, eine Reproduktion der manipulierten „modernen" Massenwunschvorstellungen von Reichtum, Erfolg, Macht und Stärke, zieht ebenfalls aus, um Abenteuer zu bestehen, besteht sie und kehrt als derselbe, der er war, am Schluß siegreich zurück. Der Comic-Held erfährt keine Erlösung, er hat dieselbe gar nicht nötig. Die stereotype Scheinrealität seiner Persönlichkeit befriedigt das Identifikationsbedürfnis des Lesers, auch das des jugendlichen Lesers, auf ganz andere Weise als das Märchen. Ganz im Gegensatz zum Märchen, das dem Unbewußten, den Emotionen des Kindes Identifikationsmuster zur Verfügung stellt, anhand deren es sich realisieren, d.h. mit denen es sich *entwickeln* kann (s.

Stundenblatt Nr. 1/2), liefern die Comics nur statisch-stereotype Identifikationsmuster, die den Leser in eine Scheinwelt versetzen, die eine Lösung, eine Entwicklung seiner realistischen Situation, seiner Probleme, Konflikte, Ängste, Wünsche nur vorzuspiegeln vermögen.

Daß „Märchenlektüre *heute* gewiß keinem anderen Bedürfnis dient als die vergleichbarer sogenannter ‚eskapistischer' Literatur" (Wermke a.a.O., S. 181 [Hervorhebung im Text]), dürfte ein allzu oberflächliches und ideologisch gefärbtes Urteil sein.

Stundenblatt Nr. 10,1–2

In *Phase 1* wird ein Beispielcomic präsentiert. Der gewählte Goofy-Comic läßt sich beliebig durch einen anderen ersetzen. Er wurde hier nur vorgeschlagen, da er in einem Schulbuch zur Verfügung steht: „Sprache und Sprechen 5, Schroedel-Verlag, S. 109 ff.

In *Phase 2* wird der Beispielcomic analysiert. Held und Bösewicht werden im Verlauf des Klassengesprächs charakterisiert und ihre wichtigsten Eigenschaften festgehalten; eine kurze Inhaltsangabe der Comic-Handlung wird gemeinsam erstellt und im Tafelanschrieb festgehalten. Bei der Inhaltsangabe sollte klar werden, daß die Handlung des Comic fast nur Kampfhandlungen und -szenen reiht.

Phase 3 variiert und generalisiert die gefundenen Ergebnisse durch Analyse weiterer, möglichst verschiedenartiger Comic-Serien. Die Schüler sollten zu dieser Stunde eigene Heftchen mitbringen, die die Arbeitsgrundlage bilden. In Gruppen- oder Stillarbeit sammeln die Schüler nun weitere Comic-Helden und charakterisieren sie. Außerdem werden sie aufgefordert, die Comic-Handlungen stichwortartig zu notieren. Auch hier wird sich bestätigen, daß Comic-

Handlung immer aus einer Aneinanderreihung von Kämpfen oder kämpferischen Auseinandersetzungen besteht. Die gefundenen Ergebnisse der Arbeitsgruppen werden in einem Tafelanschrieb systematisiert.

In *Phase 4* werden nun die Unterrichtsergebnisse zum Comic in Zusammenhang gestellt mit den Ergebnissen, die die Märchenanalyse erbracht hat. Ein umfassender Vergleich (ebensowenig wie eine umfassende Analyse der Comic-Strukturen) zwischen Märchen und Comics ist auf dieser Altersstufe nicht angebracht. Wir beschränken uns darauf, nur zwei Aspekte beim Vergleich anzusprechen:
– Unterschiede zwischen Märchen und Co-
  mic-Helden
– Unterschiede des Handlungsschemas
Zu den auf dem Stundenblatt angegebenen Leitfragen entwerfen wir die differenzierten Tafelschaubilder I, IIa, IIb und III.
(Wir nehmen hier die auf S. 61 ff. dargelegten Thesen auf und formen sie unterrichtspragmatisch um.)

Wie kämpft der Märchenheld, wie der Comic-Held? Diese Frage beantworten wir gemeinsam im Klassengespräch und durch Entwicklung des Tafelbildes IIa: Auf seinem „*Weg*" zum „*Ziel*" durchläuft der *Held* das Zauberreich, das „*Gute*" und das „*Böse*" begegnen ihm in Form der verschiedenen Märchengestalten, das Böse wird am Schluß der Handlung besiegt, die Bösen erhalten ihre Bestrafung.
Der Comic-Held jedoch ist ein Superheld und kämpft gegen Superbösewichter! Im Mittelpunkt der Handlung steht die gewalttätige Auseinandersetzung zwischen Personen (ebd.).
Der unterschiedliche Weg beider Helden wird im Tafelbild IIb antithetisch gegenübergestellt. Bei der Darstellung des Märchenhelden greifen wir auf das Tafelbild von Stundenblatt Nr. 1/2 zurück: Die Entwicklung ist linear, dynamisch, der Held überwin-

det das Böse, und der Held macht eine Entwicklung durch. Aus arm wird reich, aus klein wird groß, aus unglücklich wird glücklich etc., der Notlage folgt die Erlösung.
Der Comic-Held dagegen macht keine Entwicklung durch, die Handlung ist statisch, wir stellen sie als Kreislauf dar. Der Held kehrt zum gleichen Punkt zurück, von dem er ausgegangen ist.
Frage 3 „Wie siegen beide Helden?" wird im Tafelbild III festgehalten: Die verschiedene Art der Problemlösung ist der Hauptunterschied zwischen Märchen und Comics: Beim Märchen erfolgt sie durch vielfältiges Lösen schwerer Aufgaben, durch Anstrengung aller körperlichen und geistigen Fähigkeiten etc., beim Comic durch zahlreiche Gewaltakte: Schlagen, Zertrümmern, Schreien, Töten etc.

Stundenblatt Nr. 10,3

Durch die Herstellung eines Märchen-Comics vollziehen die Schüler die gefundenen Ergebnisse aus dem Vergleich zwischen Märchen und Comics intuitiv nach. Sie machen sich die Tatsache bewußt, daß die zwei Gattungen „Märchen" und „Comic" kaum zu vereinen sind – ein Märchen muß verformt werden, damit ein Comic entsteht. Die Schüler leisten also nicht nur die gestalterische Umformung eines Textes in Bilder und Sprechblasen, sondern müssen auch strukturelle Umformungen vornehmen, wollen sie der Aufgabe wirklich gerecht werden.

Phase 1: Wir bilden kleine Gruppen von je 2–4 Schülern. Jede Gruppe wählt ein Märchen aus (am originellsten gelingen die Märchen-Comics, die ein bekanntes Märchen als Grundlage haben). Nun werden die Figuren der Märchen „umbesetzt", z.B. verwandeln sich Hänsel und Gretel in „Asterix" und „Minni", der böse Zwerg wird zum „Panzerknacker" etc. (s. Tafelbild, Stundenblatt Nr. 10,3). Dem Erfindungsreichtum der

Die Sieben Geißlein

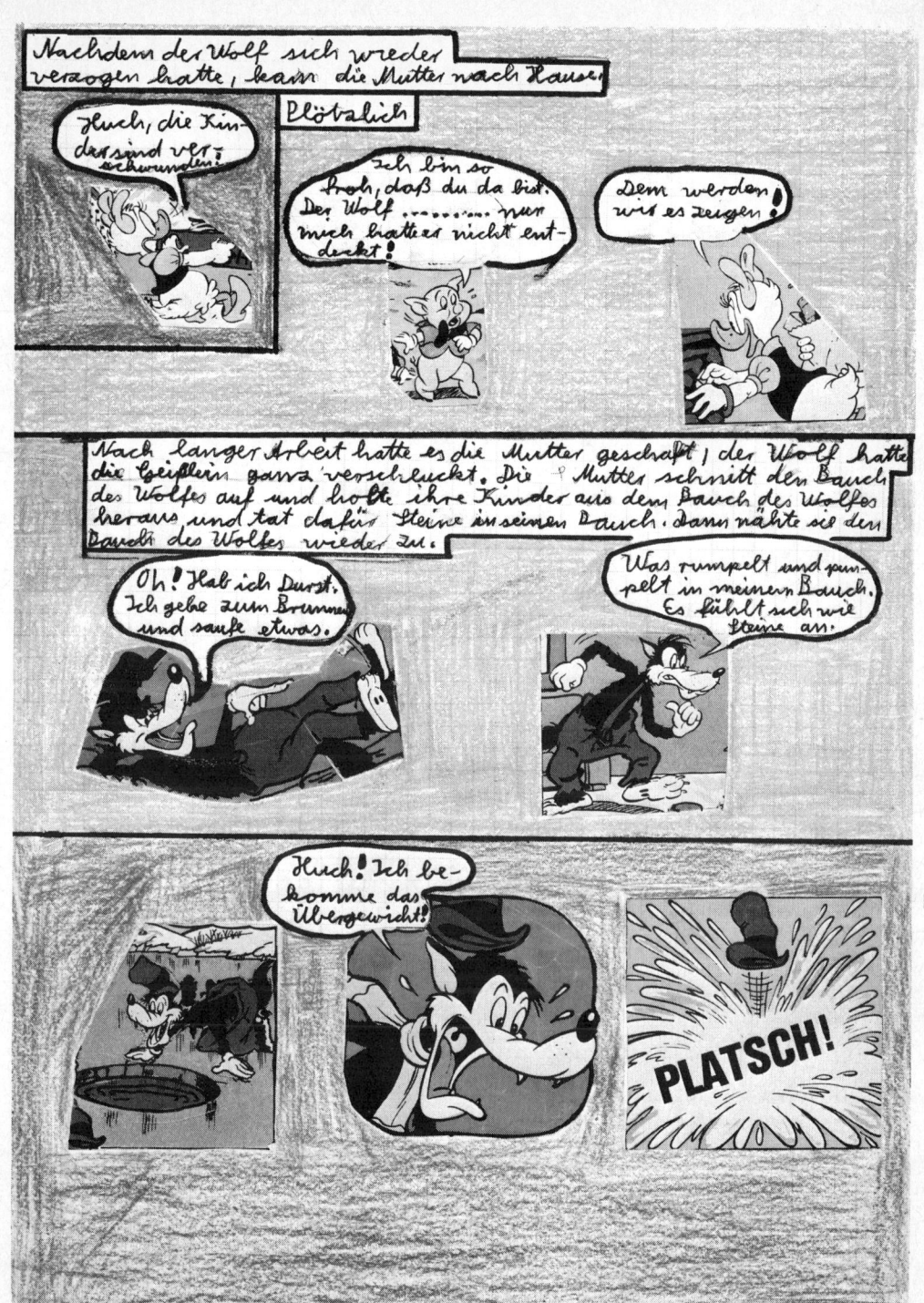

Schüler sollte hier Spielraum gegeben werden. (Für genügend Comic-Material sorgen!)

In *Phase 2* kann nun die Verformung der Märcheninhalte und Umformung in Comic-Handlungen anhand der Tafelanschriebe IIa und b und III von Stundenblatt Nr. 10, 1–2 vom Schüler analog entwickelt werden.

Die Erzählabschnitte und differenzierten Handlungseinheiten der Märchen werden, der Struktur der Comics entsprechend, verkürzt, vereinfacht, verändert wiedergegeben. Die Lösung der Aufgaben, die durch List und Einfallsreichtum gemeistert wird, die Überwindung größter Schwierigkeiten auf dem Weg zum Glück, was allen Mut und alle Kraft des Helden erfordert, erscheint in grober Vereinfachung: Die Problemlösung erfolgt durch Gewaltanwendung.

Die ausgeschnittenen Märchen-Comic-Figuren werden – dem äußeren Rahmen des (gewählten) Märchens folgend – in freier gestalterischer Kombination zum Handlungsträger verschiedenster Gewaltaktionen. Durch den festgelegten Erwartungshorizont der stereotypen Comic-Figuren, die nun in Märchenfunktionen übertragen werden, entstehen köstliche Verfremdungseffekte.

Phase 3: Zur Fertigstellung des Comics sollte dem Schüler die *Zeichensprache* der Comics vertraut sein. Ist dies nicht der Fall, kann hier das Arbeitsblatt (vgl. S. 69) als Kurzprogramm eingeschoben werden. Die darauf erarbeiteten Zeichen für Geräusche, Bewegungen, Gefühle und Gedanken kann er nun in den eigenen Comic einbauen.

Die methodische Schwierigkeit, den Schüler einen ganzen Comic malen zu lassen, wird durch die vorgeschlagene Collagetechnik und das Ausschneiden der erforderlichen Comic-Figuren umgangen.

Die in der Stunde angefangenen und nicht fertig gewordenen Comics werden in häuslicher Arbeit beendet.

In *Phase 4* werden die erzielten Ergebnisse mit Hilfe des Epidiaskops vorgeführt, möglich wäre auch eine Vervielfältigung ähnlich der des Märchenbuches.

Der auf Seite 65–67 abgedruckte Märchencomic ist eine unveränderte Schülerarbeit, die zeigt, welche Ergebnisse die Schüler erbringen könnten.

Unterrichtsziele

1. Der Schüler soll zwei Gattungen – hier: Comics und Märchen – anhand ausgewählter Aspekte vergleichen.
2. Die Aufforderung, einen Märchen-Comic anzufertigen, nimmt die analytisch gefundenen und in Tafelschaubildern festgehaltenen Unterrichtsergebnisse auf und setzt diese in Eigenkreativität des Schülers um.
3. Durch die Umsetzung eines Märchenstoffes in einen Comic vollzieht jeder Schüler den notwendigen Prozeß der Verfremdung, der Deformation nach und veranschaulicht so im Prozeß des Gestaltens den Unterschied zwischen Märchen und Comics.

Arbeitsblatt für Stundenblatt 10,3

Die Zeichensprache der Comics

1. Geräusche	2. Bewegungen	3. Gefühle	4. Gedanken
immer lauter werdender Lärm	schnelles Fortbewegen	Liebe	– bedeutungsvoller Gedanke – zündende Idee

Stundenblätter Nr. 11 und 12 Entwurf eines Märchenpuppenspiels/Inszenierung eines Märchenpuppenspiels

Nr. 11: Stunde 32–33
Nr. 12: Stunde 34–36

Vorüberlegungen

Die vorangegangenen Stundenblätter haben gezeigt, wie Schüler mit Märchen arbeiten können. Irgendwann kommt die Frage von den Schülern auf: „Dürfen wir ein Märchen spielen?"

Sozusagen als Höhepunkt der vorangegangenen Einheiten, als Zusammenfassung und Verarbeitung gleichermaßen, planen wir ein Märchenpuppenspiel, das eines – oder mehrere! – der selbsterfundenen Märchen in dialogisierter, stegreifartiger Form zur Aufführung bringt. Damit verbinden wir mehrere pädagogische und didaktische Ziele:

1. Das Klassenspiel als solches stellt eine intensivierte Form der Gruppenarbeit dar und hat oft sogar therapeutische (d.h. befreiende, sprachfördernde, ja persönlichkeitsentwickelnde) Wirkung.
   Der schon eingeleitete Identifikationsprozeß – jeder Spieler darf sich eine Rolle aussuchen, die ihm am besten liegt – wird noch vertieft.

2. Der Anreiz, das beste selbstgeschriebene Märchen der Klasse bzw. den Eltern vorführen zu können, regt die Schüler zu guten Leistungen an.
   Die Möglichkeit, das Selbstgeschaffene in die Öffentlichkeit zu tragen, bedeutet eine Selbstbestätigung der Schüler und der Klassengemeinschaft.

3. Das Handpuppenspiel stellt eine altersgemäße differenzierte Spielform dar. Schon im Kindergarten- und Grundschulalter hat jedes Kind sich im Märchenspiel geübt. Die spieltechnischen Anforderungen des Handpuppenspiels entsprechen den Fähigkeiten des 10- bis 12jährigen Kindes. Sprachliche Gestaltungsmöglichkeiten und Phantasiereichtum äußert es in den eigenen Märchen, die es selbst in Stegreifspiele umformt.

4. Das Handpuppenspiel gibt Schülern und Lehrern die Möglichkeit, das Handwerklich-Bildnerische mit den Sprachlich-Darstellerischen zu verbinden und damit eine kreative Gemeinschaftsarbeit zu erbringen, die in ihrer Gesamtheit den Unterstufenschüler im besonderen fördert.

Ch. Bühler hat in ihrem Buch „Das Märchen und die Phantasie des Kindes" auf die Bedeutung des Spiels, im besonderen des Märchenspiels, hingewiesen. Sie deutet das Märchenspiel des Kindes, auch des heranwachsenden, als Identifikationsspiel:

„Im Spiele werden die primitivsten Dinge vom Kinde mit Kräften begabt, belebt und beseelt gedacht ... das ganze Denken des Kindes bewegt sich ... in Analogiebildungen." (a.a.O., S. 33 f.). Es glaubt an alle glücklichen Zufälle, mit denen das Märchen arbeitet, ja es rechnet auf sie ... Das Märchen entspricht hier wie in vielem gerade dem Erfahrungskreis und dem Wissen des Kindes ... Plötzliche Veränderungen des Bildes werden auf die verschiedenste Weise geübt, als Verwandlung, Verkleidung, Versetzung an einen anderen Ort ... Diese szenischen Wechsel werden mit so lebhafter Spannung und Freude vom Kind begleitet, daß wir mit Sicherheit behaupten können, sie seien der Kern einer echten Märchenhandlung." (a.a.O., S. 70)

Bühlers Ausführungen gelten wohl hauptsächlich für kleinere Kinder, Heise betont jedoch ebenfalls:

„Das Märchen läßt jedem die Freiheit, sein eigenes Vorstellungsbild zu entfalten. Tätigkeit der Phantasie des Hörers aber ist für das Märchen eine Notwendigkeit.
Aus diesen Gründen *drängt das Märchen* des 10- bis 12jährigen Kindes so viel stärker *auf das Spiel hin* als jede realistische Kindergeschichte ... Am Märchen aber wächst seine Freiheit zur Gestaltung, wächst es selbst in seinen Kräften." (Heise, „Das Volksmärchen als Spielgut in Sexta und Quinta", in: DU 1956, H. 6, S. 55)

Außerdem sei hier noch einmal auf den Aufsatz von J. Bilz („Kindermärchen, Kindertraum, Kinderspiel") hingewiesen. Sie beschreibt die Bedeutung vielfältiger Kinderspiele in Verbindung mit den Märchenstoffen.

Stundenblatt Nr. 11

Phase 1: Haben wir ein Märchenbuch mit selbstgeschriebenen Märchen (vgl. Stundenblatt Nr. 5) mit den Schülern erarbeitet, stehen wir vor der Schwierigkeit, diejenigen Märchen mit den Schülern auszuwählen, die sich am besten für eine Aufführung eignen. Um das Klassengespräch im vorherein zu strukturieren, werden vom Lehrer die Auswahlkriterien

– Spannungselemente
– Handlungsgeschehen
– Personenvielfalt
vorgegeben.

Ist die Auswahl getroffen, müssen sich die Schüler Gedanken machen, wie man von einem Erzähltext zu einem Spieltext kommt.

– Was muß geändert werden? (Statt Märchenerzähler Dialoge und szenisches Sprechen; statt fortlaufender Erzählung einzelne Szenen)
– Muß etwas ergänzt werden? (Kulissen; Geräuschkulissen)

Phase 2: Arbeitstechnisch bietet sich für die Aufgabe, die Märchentexte in „Spieltexte" umzusetzen, die Form der Gruppenarbeit an. Es werden so viele Gruppen gebildet, wie Märchen ausgewählt wurden. Besonders bei Klassen, die noch unerfahren in Gruppenarbeit sind, sollte der Lehrer die Arbeit der Gruppen relativ gezielt und detailliert anleiten. Es empfiehlt sich, den Schülern eine Reihe von Leitfragen als Arbeitsanweisung, die die Ergebnisse von Phase 1 aufgreifen, zu diktieren.
Jede Märchengruppe bestimmt nun wiederum 2–3 Schüler, die jeweils für eine Leitfrage zuständig sind. Der Sprecher der Gruppe (auch er sollte schon zu Beginn der Gruppenarbeit bestimmt werden) trägt die Ergebnisse vor, die Mitschüler und der Lehrer ergänzen und verbessern.

Phase 3: Die ausgearbeitete Spielübersicht wird an der Tafel festgehalten (vgl. Tafelanschrieb auf Stundenblatt Nr. 11). Alle Mitglieder der Gruppe notieren sich die tabellarische Übersicht ins Heft. Der ausführliche Tafelanschrieb, der in dieser Phase verlangt wird, stellt sicherlich eine methodische Schwierigkeit dar. Man sollte jedoch unter keinen Umständen darauf verzichten, wenigstens *eine* ausgearbeitete Spielvorlage an der Tafel festzuhalten, da Schüler dieser Altersstufe die Aufführung eines Stegreifmärchenspiels nicht ohne genaue schriftliche Arbeitsgrundlage leisten können.
Wir nehmen hier drei Beispiele (ein Beispiel findet sich auf dem Stundenblatt, zwei weitere auf S. 73 f. und 75) dafür auf, wie solche Arbeitsergebnisse in Form tabellarischer

Übersichten aussehen können. In einen Spieltext umgeformt wurden drei der auf Seite 40ff. und 56 abgedruckten Schülermärchen.

Die drei Beispiele wurden ausgewählt, weil sie drei mögliche Umarbeitungsprinzipien deutlich veranschaulichen, die auch für entsprechend andere Schülermärchen gelten.

1. Prinzip: Ausgestaltung der Personen und Handlungen; Verbinden von Szenen durch einen Sprecher (Schülermärchen: „Der Zwerg Rumpeldipumpel)

2. Prinzip: Kürzung und Raffung der erzählenden Passagen; Auflösung der differenzierten Erzählstruktur in Einzelszenen und Handlungsbilder (Schülermärchen: „Der Dummling")

3. Prinzip: Herausarbeiten des komischen Effekts, der Technik des Verdrehens und Verwirrens (Antimärchen: „Das Zuckerdistelchen")

Stundenblatt Nr.12

Phase 1/2: Die Inszenierung (Proben, Besorgen von Kulissen usw.) des Stegreifspieles erfordert nun mehrere Stunden. Erfahrungsgemäß malen die Schüler gern Kulissen als freiwillige Hausarbeit oder stellen Tonkulissen bereit. Man sollte darauf achten, daß die Schüler bei altersgemäßen und einfachen Requisiten und Kulissen bleiben (z.B. paßt eine gemalte Schloßkulisse besser zum Charakter des Märchenspiels als eine Fotographie). Bevor wir an das textliche Einüben der Stegreifspiele gehen, muß genügend Sorgfalt auf die Lösung der organisatorischen Probleme verwendet werden. Alle Schüler sollten eine Aufgabe erhalten; neben den Spielrollen gilt es, Kulissenmaler (und Kulissenschieber), Tontechniker, Sprecher etc. zu bestimmen (s. Stundenblatt Nr. 12). Die einzelnen Spielrollen werden auf freiwilliger Basis ausgewählt, wir zwingen oder überfordern keinen Schüler. Anderseits sollten und können durch das Stegreifspiel begabte, aber scheue Schüler durch freies, artikuliertes Sprechen gefördert und entwickelt werden. In manchen Fällen wirkt das Spiel, wie viele Spieltherapeuten bestätigen, als Befreiung.

Die Eigeninszenierung selbstgeschriebener Märchen wird durch die Verfertigung eigener, spezieller Handpuppen, welche die Schüler selbst basteln, malen und nähen, zu einer ganzheitlichen Unterrichtsaktion. Häusliche Proben sollten dem ersten Vorspiel vor der Klasse vorangegangen sein, nachdem die Szenenfolge erarbeitet ist und die Rollen verteilt sind. Für das Puppenspiel benötigen wir im Klassenzimmer nur ein großes Tuch, die Puppen (wenn die Zeit zum Selberbasteln der Puppen nicht gegeben ist, stellen die Schüler bereits vorhandene Puppen zusammen) und die aufgeklappte Wandtafel (sowie evtl. bereits vorhandene Kulissen).

Diese einfache Lösung einer Klassenbühne hat sich bewährt, die Schüler finden genügend Platz hinter einem vor die aufgeklappte Tafel gehaltenen Tuch, werden nicht gesehen und können sich so untereinander während des Spielablaufes verständigen (s. Skizze Stundenblatt Nr. 12, Phase 2; die Verwendung von gebräuchlichen Puppenspieltheatern eignet sich wegen des kleinen Sichtfensters und des geringen Raums hinter der Bühne für Schulaufführungen dieser Art schlecht).

Je einfacher und unkomplizierter der äußere Rahmen sich gestaltet, desto wirkungsvoller die kreative Leistung der Schüler. Bemühen wir die Schüler zu sehr mit der Verfertigung von differenzierten Kulissen- und Bühnenmontagen, geht viel Zeit und Kraft für das Eigentliche, das Stegreifspiel, verloren. Das hier aufgezeigte methodische Vorgehen ist nicht verbindlich, sondern jeder Lehrer wird in seiner Klasse entsprechend variieren müssen.

Phase 3 bringt insofern einen neuen Aspekt, als die Schüler durch das „fremde" Publikum (Parallelklassen, Eltern etc.) herausgefordert

Spielübersicht zu dem Schülermärchen „Der Dummling" (lang)
Fakultativer Tafelanschrieb (Hefteintrag!) zu Stundenblatt Nr. 11

I. Szenenfolge	II. Kulissen und Requisiten	III. Geräusche
1. Im Schloß - König hat drei Söhne (Dummling, der jüngste) - Ein Bote erscheint: Prinzessin Morgane ist vom Zauberer Verindur verbannt (Drache) - Aussendung des 1. Sohnes	- Pappkulisse: Königsschloß	Gong, Fanfare
2. Im Schloß - Trauer des Königspaares - 1. und 2. Sohn kehren nicht zurück - Aussendung des Dummlings! - Wunderpferd: langsam ↔ am schnellsten (fliegt)	wie 1	Schluchzen Pferdegetrappel
3. Beim Zauberer - Zur Erlösung der Prinzessin drei „unlösbare" Aufgaben: - die erste: 7 Haare von der Prinzessin rauben - Verzweiflung des Dummlings	Pappkulisse: - Zauberschloß mit Zaubergemach (verstaubte Bücher, Gläser mit Flüssigkeiten, geheimnisvolle Gefäße . . .)	Tonbandcollage: - hohes Zirpen - Heulen - boshaftes Lachen - Wind/Donner etc.
4. Lösung der 1. Aufgabe - Rat und Trost durch das Zauberpferd. - Zaubermittel: goldene Kugel im Huf des Pferdes - Ritt und Zauberformel	Pappkulisse: - Wald/Wiese	- Getrappel
5. Gewinnung der 7 Haare - Kugel öffnet Schloß - Dummling steigt die 12 Stufen ins Schloß hinunter - widersteht der Versuchung des Goldes - in der Vase: Ei → häßliches Weib → Prinzessin Morgane, sie schenkt dem Dummling die 7 Haare	Requisiten: - Goldkugel aus Papier/kleine Vase - Kulisse: Schloßkeller mit 12 Stufen, Gold/Edelsteine, kostbare Vasen	- Knall (Verwandlung)
6. Beim Zauberer - Übergabe der 7 Haare - 2. Aufgabe: „Hole den Silberstern!" - Verzweiflung des Dummlings	wie 3	wie 3
7. Gewinnung des Silbersterns - Trost und Rat des Wunderpferdes - Zauberformel und Ritt zum Mond - Finden des Sterns - Heimritt	- Stern, hochgehängt - in der Nähe ein Pappmond	Getrappel Windgeheul

I. Szenenfolge	II. Kulissen und Requisiten	III. Geräusche
8. Beim Zauberer – Überbringung des Sterns – Zorn des Zauberers – Nennung der 3. Aufgabe: – Erlösung der gefangenen 9 Prinzen (Drache)	wie 3	wie 3

9. Überwindung des Drachen Fukado
– Trost und Rat des Zauberpferdes
– Goldkugel: Schutz
– Ritt zum Drachen
– Kampf und Sieg durch List:
  Drache fällt in Felsenspalte
– Erlösung der 9 Prinzen
	Pappkulisse, darauf
	deutlich sichtbar:
	– Wald
	– Landschaft mit riesigen
	  Felsen
	– Spalt
		Gezisch/Donner
		Knall/Geheul

10. Heimkehr – Verwandlung der 9 Prinzen in Ameisen (Transportproblem!) – Ritt und Zauberformel – Ankunft im Schloß – Rückverwandlung der Prinzen – Morgane ist erlöst – Dummling heiratet Morgane	– Wald (Pappkulisse wie 9) – Schloß (Pappkulisse wie 1)	Getrappel Fanfare

werden. Die Aufführung des Spiels an einem Elternabend etwa verlangt eine gewisse Perfektionierung des Spielablaufs, der Bühne, des Raumes, der Beleuchtung, der Tonkulissen.

Da es jedoch pädagogisch sinnvoll ist, dem Schüler die Möglichkeit zu geben, das, was er geschaffen hat, in die „Öffentlichkeit" zu tragen, nehmen wir – falls irgendwie die Zeit zu erübrigen ist – die zusätzlichen Proben in Kauf und arrangieren eine solche „öffentliche Aufführung".

(Auf dem Stundenblatt Nr. 12 [R] sind mögliche Lösungsvorschläge der technischen und organisatorischen Schwierigkeiten [u. a. Beleuchtung, Ton, Kulisse usw.] aufgeführt.)

Intensivproben und Generalprobe sind unerläßlich. Besonders die kleineren Schüler sind sehr aufgeregt und sollten durch vom Lehrer gegebene Hilfestellungen ermutigt und dadurch im Spielverhalten sicherer werden.

Der Lehrer sollte beachten, daß, wenn die einzelnen Märchen zu oft vor dem Klassenpublikum vorgeführt werden, die Klasse ermüdet und das Interesse verlieren kann.

Deshalb wird vorgeschlagen, die einzelnen Gruppen nachmittags proben zu lassen. Die Generalprobe kann ebenfalls nachmittags an Ort und Stelle (Aula, größerer Klassenraum o. ä.) stattfinden, sonst bleiben technische Probleme wie Beleuchtung, Geräuschkulissen etc. ungeklärt.

Phase 3 kann bei schwächeren, langsamen Klassen auch weggelassen werden. Die Aufführung im Klassenraum vor den Klassenkameraden ist ebenso ein sinnvoller – wenn auch nicht ganz so reizvoller – Abschluß der Unterrichtseinheit.

Unterrichtsziele

1. Die Schüler lernen, Prosatexte in „Spieltexte" umzusetzen, d. h. Geschehen in Einzelszenen aufzulösen, die Handlung in Dialoge umzuformen und mit publikumswirksamen Effekten auszugestalten.
2. Die Schüler erhalten durch das Stegreifspiel Gelegenheit, sich im freien gestaltenden Sprechen zu üben.

3. Die Schüler lernen, über einen längeren Zeitraum weg an einem Projekt zu arbeiten, das sie vom Erfinden eigener Märchen bis hin zu deren Inszenierung und Aufführung mit selbstgebastelten Handpuppen und Kulissen führt.

Spielübersicht zu dem Schüler-Antimärchen „Das Zuckerdistelchen"
Fakultativer Tafelanschrieb (Hefteintrag!) zu Stundenblatt Nr. 11

I. Szenenfolge	II. Kulissen und Requisiten	III. Geräusche
1. Im Königspalast - Trauer über die Geburt des häßlichen „Distelchens" - Weinen der Königin, des Königs über das Unglück.	- Pappkulisse mit Königsportal (sich öffnend)	Tonband: - Trompeten oder Gong
2. Taufe - 13. Fee: die Gute - 12. Fee: die Böse (andere werden nicht geladen) - Verwünschung der Bösen - Linderung des Spruches durch die Gute	wie 1 Die Feen kommen durch das Portal	- böses Zischen - Gong (böse Fee!)
3. Im Schloßpark - 15. Geburtstag: - der König gibt ihr einen Wunsch frei: - sie zeigt sich ohne Schleier	Pappkulisse: - Gemaltes Schloß - Puppenschleier (für Distelchenpuppe)	Tonband: - Vogelgezwitscher
4. Verwünschung erfüllt sich: Zauberschlaf - häßlicher Prinz – Kuß - Schlaf des ganzen Schlosses - die Zuckerkuchen wachsen	wie 3 - Pappkulissen: gemalte „Lebkuchen" an einzelnen Stöcken, daß sie hochgehalten werden können	- Knall (Luftballon) - Schnarchen
5. Erlösung des Zuckerdistelchens - Bauernbursche ißt sich durch die Zuckerkuchenmauer - erlöst die häßliche schlafende Prinzessin durch Spindelstich - Zuckerdistelchen wird schön (Wechsel der Puppen) - alle erwachen	wie 3	- Schmatzen - „ah"-„oh"-Rufe
6. Hochzeit und glückliches Ende - Gespräch Zuckerdistelchen mit dem Bauernburschen, Planung des Hochzeitsbuffets, der Hochzeitsreise, der zukünftigen Kinderschar . . .	wie 1	- lustige Musik

V. Literaturverzeichnis

A. Texte

A. N. Afanasjew, Märchen aus dem alten Rußland. Ins Deutsche übertragen von I. Tinzmann und Ch. Koller, Frankfurt am Main und Hamburg 1966 (Fischer Tb. 723)

H. Brackert (Hrsg.), Das große deutsche Märchenbuch, Königstein / Ts. 1979

G. Büchner, Woyzeck, Hrsg. von D. zur Nedden, Stuttgart 1975 (Reclam 7733)

I. Fetscher, Wer hat Dornröschen wachgeküßt? Das Märchen-Verwirrbuch, Frankfurt am Main 1979 (Fischer Tb. 1446)

Die Märchen der Brüder Grimm. Kinder- und Hausmärchen, München o. J. (Goldmann Tb. 412/413)

H. Rölleke (Hrsg.), Die älteste Märchensammlung der Brüder Grimm, Cologny-Genève 1975

W. Mieder (Hrsg.), Grimms Märchen – modern. Prosa, Gedichte, Karikaturen, Stuttgart 1979 (Arbeitstexte für den Unterricht [Reclam 9554])

B. Sekundärliteratur

W. Bachmann, Das Märchen im gymnasialen Unterricht, In: DU 8 (1956). H. 6, S. 57–62

H. von Beit, Symbolik des Märchens. Bd. I–III, Bern ⁴1971

B. Bettelheim, Kinder brauchen Märchen, Stuttgart 1977

J. Bilz, Menschliche Reifung im Sinnbild, in: Märchenforschung und Tiefenpsychologie. Hrsg. von W. Laiblin (WdF Bd. CII). Darmstadt 1972, S. 161–186

Ch. Bühler/J. Bilz, Das Märchen und die Phantasie des Kindes, München 1961

Ch. Bürger, Die soziale Funktion volkstümlicher Erzählformen – Sage und Märchen, in: Projekt Deutschunterricht 1. Stuttgart 1971, S. 25–56

W. Fuchs/R. Reitberger, Comics. Anatomie eines Massenmediums, Reinbek 1973 (rororo 1594)

G. H. Graber, Märchengestalten bei Jugendlichen, in: Märchenforschung und Tiefenpsychologie, S. 187–194

U. Heise, Das Volksmärchen als Spielgut in Sexta und Quinta, in: DU 8 (1956). H. 6, S. 44–56

B. Jöckel, Das Reifungserlebnis im Märchen, in: Märchenforschung und Tiefenpsychologie, S. 195–211

A. Jolles, Einfache Formen, Tübingen ³1965

E. Jung, Die Anima als Naturwesen, in: Märchenforschung und Tiefenpsychologie, S. 237–283

J. Jung (Hrsg.), Märchen, Sagen und Abenteuergeschichten auf alten Bilderbogen neu erzählt von Autoren unserer Zeit, München 1974

W. Laiblin, Symbolik der Wandlung im Märchen, in: Märchenforschung und Tiefenpsychologie, S. 345–374

F. von der Leyen, Das Märchen, in: Märchenforschung und Tiefenpsychologie, S. 386–390

M. Lüthi, Besprechung des Märchenwerks von Hedwig von Beit, in: Märchenforschung und Tiefenpsychologie, S. 391–403

M. Lüthi, Das Volksmärchen als Dichtung und Aussage, in: DU 8 (1956). H. 6, S. 5–17

M. Lüthi, Märchen, Stuttgart ²1964 (Sammlung Metzler 16)

G. Metken, Comics, Frankfurt am Main 1970 (Fischer Tb. 1120)

F. Panzer, Märchen, in: Wege der Märchenforschung. Hrsg. von F. Karlinger (WdF Bd. LLLV). Darmstadt 1973, S. 84–128

W. Propp, Morphologie des Märchens, München 1972 (Übersetzung des 1928 in Leningrad erschienenen Werkes)

S. Schödel (Hrsg.), Märchenanalysen, Stuttgart 1977 (Arbeitstexte für den Unterricht [Reclam 9532])

W. Spanner, Das Märchen als Gattung, in: Wege der Märchenforschung, S. 155–176

J. Wermke, Wozu Comics gut sind?! Theorie, Kritik, Geschichte, Kronberg/Ts. ³1976

Stundenblätter für die Sekundarstufe I

Günther Busse
Stundenblätter Aufsatz 7./8. Schuljahr
100 Seiten + 17 Seiten Beilage, geh., Klettbuch 920561

Günter Graf
**Stundenblätter
Der Wildwestroman**
Eine exemplarische Analyse für die Klassen 8/9/10
64 Seiten + 16 Seiten Beilage, geh., Klettbuch 927221

Gesine Jaugey
**Stundenblätter
„Schimmelreiter" und „Judenbuche" im Vergleich**
42 Seiten + 14 Seiten Beilage, geh., Klettbuch 92739

Gesine Jaugey
Stundenblätter „Kleider machen Leute" / „Taugenichts"
70 Seiten + 20 Seiten Beilage, geh., Klettbuch 924011

Stephan Lehle
Stundenblätter „Insel der blauen Delphine"
Eine moderne Robinsongeschichte für die Klassen 6/7
60 Seiten + 19 Seiten Beilage, geh., Klettbuch 927191

Ekkehart Mittelberg
Stundenblätter Boulevardpresse
Erscheinungsform und Wirkung
50 Seiten + 12 Seiten Beilage, geh., Klettbuch 927151

Wolfgang Salzmann
Stundenblätter Kurzgeschichten für die Sekundarstufe I
44 Seiten + 18 Seiten Beilage, geh., Klettbuch 92738

Günter Scholdt / Dirk Walter
Stundenblätter „Hauptmann von Köpenick"
49 Seiten + 14 Seiten Beilage, geh., Klettbuch 927131

Stundenblätter gibt es auch für die Fächer Geschichte und Geographie.